KB273852

사전에 없는 일본

김유영 지음

BrownPress

CONTENT

미드나잇 주파수, 데이터와 방언 사이에서 건져 올린 마음들

대학에서 일어일문학을 전공하고 오사카로 건너가 박사 과정을 밟던 시절, 저의 세계는 차가운 '숫자'와 '밀도'로 채워져 있었습니다. 낱개의 어휘들이 문장 속에서 차지하는 무게를 재고, 계량적인 수치로 언어의 질서를 세우던 '계량적 어휘 연구'가 제 학문의 뿌리였습니다.

그런 연구의 씨앗은 코퍼스라는 거대한 데이터의 숲으로 자라났고, 이제는 빅데이터와 사회언어학을 넘어 생성형 AI와 미디어와 대중문화라는 드넓은 바다에 닿았습니다. 0과 1로 치환되는 차가운 알고리즘의 파도를 타고 제가 도착한 곳은 역설적이게도, 그 어떤 정교한 계산으로도 포착할 수 없는 '사람의 마음'이었습니다. 마치 도시의 소음 속에서만 들리는 선명한 멜로디처럼 말입니다.

강의실의 푸른 빛, 점수보다 무거운 우리들의 밤

현재 저는 강단에서 일본어학, AI, 사회언어학 그리고 일본 문화인류학 강의를 통해 매일 새로운 질문들과 마주합니다. 신선한 질문들 앞에서 두근거리며 설레다가도, 때로는 말간 형광등 아래 모여 앉은 제자들의 어깨 위에 학점과 취업이라는 그림자가 짙게 내려앉은 것을 볼 때면 마음 한구석이 서늘해지곤 합니다.

단어 하나를 더 외우고, 시험 문제 하나를 더 맞히는 것에 전전긍긍하는 학생들을 볼 때마다 저는 교수이기 이전에 인생의 선배로서 깊은 갈증을 느낍니다. 그때마다 저는 그들에게 나직이 속삭여주고 싶었습니다. "언어는 단순히 높은 점수를 얻기 위한 도구가 아니라, 보이지 않는 선 너머의 누군가와 연결되는 가장 인간적인 기술"이라고 말입니다.

외우지 마세요, 대신 그 안에 담긴 '내일'의 리듬을 읽어 내 봅시다

이 책에서 저는 일본의 수많은 신조어와 유행어를 이야기합니다. 하지만 여러분이 이 단어들을 결코 '외우지' 않기를 바랍니다. 시험지에 답을 적기 위해 머릿속에 욱여넣은 단어는 도시의 야경처럼 금방 휘발되지만, 그 단어가 왜 태어났는지, 어떤 결핍이 그 말을 싹트게 했는지 이해하는 감각은 평생의 지혜로 남기 때문입니다.

우리가 주목해야 할 것은 단어의 '형태'가 아니라 '존재 이유'입니다. 왜 어떤 말은 살아남고 어떤 말은 사라지는가? 이 질문에 답하며 우리는 시대가 품은 욕망과 불안, 그리고 미래의 흐름을 예측할 수 있는 눈을 갖게 됩니다. AI가 문장을 생성하는 메커니즘을 배우듯, 인간이 사회적 맥락 속에서 새로운 말을 빚어내는 리듬을 깨닫는 순간, 일본어는 외국어를 넘어 세상을 읽는 가장 선명한 필터가 될 것입니다.

알고리즘이 끝내 읽지 못한 '행간의 온기'

일본에서 박사 과정을 밟던 고독한 유학 시절, 저를 가장 깊이 위로했던 것은 권위 있는 논문이 아니었습니다. 귀갓길 단골 선술집에서 옆자리 노인이 웅얼거리던 투박한 방언 한마디, 혹은 TV에서 흘러나오던 낯선 유행어 구절이었죠. 그 말들은 사전에는 없었지만, 타국에서 이방인으로 살아가는 제 차가운 손을 잡아주는 가장 따뜻한 온기였습니다.

이제는 AI가 빛의 속도로 신조어를 수집하고 번역해 내는 시대가 되었습니다. 하지만 AI가 '친짜(チンチャ)!'라고 말하며 미소 짓는 일본 소녀의 눈빛 속에 담긴 한국을 향한 선망의 크기를 알 수 있을까요? 혹은 취업 준비에 지친 한국 청년이 일본의 '사토리(さとり)'라는 단어에 담긴 서글픈 체념 속에 자신을 비춰보며 내뱉는, 그 씁쓸한 한숨의 무게를 이해할 수 있을까요? 언어는 데이터가 되기 전, 누군가의 간절한 고백이었고 시대의 아픔이었으며 서로를 향한 절박한 손짓이었습니다.

당신과 세계를 잇는 다정한 주파수가 되기를

AI가 아무리 발전한다 해도 언어라는 기술은 차가운 기계의 것이 아닙니다. 오히려 언어는 우리가 서로를 이해하기 위해 개발한, 인류 역사상 가장 오래되었으면서도 시작부터 이미 가장 혁신적이었던 기술입니다. 부디 여러분이 사전에 실리지 못한 생생한 말들을 통해 정보 습득을 넘어 타인의 마음이라는 미지의 영토로 항해하는 용기를 얻을 수 있기를 희망합니다.

강의실 창가에 비치는 나른한 햇살처럼, 혹은 연구실 창밖으로 보이는 도시의 불빛처럼, 이 책이 당신과 세계를 잇는 다정한 주파수가 되기를 소망합니다. 고민이 깊어지는 밤, 이 책이 들려주는 이야기가 기분 좋은 시티팝처럼 작은 위로가 된다면 저에게는 그보다 더 큰 보람은 없을 것입니다.

2026년 어느 깊은 밤,
서울의 연구실에서

제1장

일본의 신조어·유행어와 대중문화

언어, 시대를 비추는 가장 정직한 거울

언어는 단순한 의사소통의 도구를 넘어, 그 시대를 살아가는 사람들의 사고방식, 가치관, 그리고 사회적 현상을 투영하는 가장 정직하고 민감한 거울이다. 특히 대중문화(Pop Culture)의 급격한 발전과 인터넷, 소셜 미디어(SNS)의 보급은 언어의 생성과 소멸 주기를 획기적으로 단축시켰으며, 전례 없는 속도로 새로운 어휘들을 쏟아내고 있다. 우리가 흔히 접하는 '신조어(新造語)'와 '유행어(流行語)'는 단순히 젊은 세대의 말장난이나 일시적인 현상이 아니라, 일본 사회의 현재를 읽어내는 중요한 문화적 코드로 기능한다.

일본은 '말에 영혼이 깃들어 있다'는 언령(言靈, 코토다마([kotodama]) 사상을 가진 나라이다. 그러나 현대 일본 사회에서 말의 힘은 신성한 영역을 넘어, 디지털 네트워크와 대중 매체라는 새로운 영토에서 강력한 전파력을 지닌 문화 유전자로 진화하고 있다. 제1장에서는 일본의 신어와 유행어, 그리고 대중문화의 상관관계를 알아보기 위한 첫 걸음으로, 신어와 유행어의 정의와 특징을 명확히 하고, 구체적인 사례를 통해 그 속에 담긴 일본 사회의 문화적 맥락을 들여다보고자 한다.

저자는 여러분과 함께 디지털 네이티브 세대가 주도하는 언어의 변천사와 그 이면에 숨겨진 심리적, 사회적 기제를 규명하는 것을 목표로 한다. 특히 2020년대 전후 팬데믹, 스마트폰의 일상화, 한류의 재점화 등 급격한 사회 변화가 일본어 어휘 체계에 어떤 지각 변동을 일으켰는지를 추적하고자 하는데, 이를 통해 독자들은 일본어라는 언어적 현상 뒤에 숨겨진 일본 사회의 역동성을 이해할 수 있게 될 것이다.

신어(新語)와 유행어(流行語)의 정의와 사회언어학적 경계

일본어의 신어와 유행어는 서로 밀접하게 연관되어 있으면서도, 그 발생 메커니즘과 사회적 기능에 있어 분명한 차이를 보인다. 이 두 개념을 명확히 구분하는 것은 현대 일본어의 어휘 체계를 이해하는 첫걸음이 된다.

✳

『 신어(新語) 』
창조와 도입의 언어

신어, 일본어로 '신고(新語[ɕingo])' 또는 '신조고(新造語[ɕinzoːgo])'는 기존에 없던 새로운 개념이나 사물을 표현하기 위해 새롭게 만들어진 어휘, 혹은 기존의 어휘에 새로운 의미가 부여된 것을 지칭한다. 이는 언어의 '창조성'과 '개방성'을 보여주는 지표로, 주로 다음과 같은 방식을 통해 생성된다.

1. 새로운 어구성의 원리에 의한 생성: 기존에 존재하는 형태소나 단어를 결합, 파생, 축약하여 새로운 단어를 만드는 방식이다. 예를 들어, 한국어에서 '아이스 아메리카노'를 '아아'로 줄여 부르거나 '중앙도서관'을 '중도'로 축약하는 것과 같은 원리다. 일본어에서도 이러한 축약과 결합은 신어 생성의 가장 주된 방식 중 하나이다.

2. 외래어의 도입: 외국어가 유입되어 자국어의 어휘 체계 속에 정착하는 경우다. 특히 현대 일본어는 영어, 한국어 등 다양한 언어권의 어휘를 가타카나(片仮名)로 표기하여 적극적으로 수용하고 있다.

3. 의미의 확장: 기존에 존재하던 단어가 새로운 문맥 속에서 전혀 다른 의미로 사용되는 경우다.

신어는 그 사회가 직면한 새로운 기술, 문화, 환경적 변화를 즉각적으로 반영한다. 따라서 신어를 분석하면 해당 사회가 무엇에 관심을 두고 있으며, 어떤 새로운 현상을 경험하고 있는지를 파악할 수 있다.

✳

『 기술과 문화가 빚어낸 신어 』
KS(既読スルー)

신어의 생성 원리를 가장 잘 보여주는 사례 중 하나가 바로 'KS'이다. 이 단어는 알파벳 두 글자로 이루어져 있어 언뜻 보기에 그 의미를 짐작하기 어렵지만, 일본의 모바일 커뮤니케이션 환경을 이해하면 그 탄생 배경이 명확해진다.

표기	**KS(ケーエス, 케에스[ke:esɯ])**
원어	**既読スルー(기도쿠 스루[kidokɯ surɯ:])**
의미	**메시지를 읽었으나 답장을 하지 않고 무시함.** **한국어의 '읽씹'에 해당된다.**

KS는 일본의 국민 메신저라 불리는 '라인(LINE)'의 기능적 특성에서 비롯된 신어이다. 한국의 카카오톡이 메시지 확인 시 숫자 '1'이 사라지는 방식을 채택한 것과 달리, 라인은 상대방이 메시지를 확인하면 대화창에 '기독(既読, 기도쿠[kidokɯ])', 즉 '이미 읽음'이라는 문자가 명시적으로 표시된다. 과거의 문자 메시지(SMS)나 이메일은 수신 확인 기능이 없거나 제한적이었기에, 상대방이 메시지를 읽었는지 여부를 즉각적으로 알 수 없었다. 그러나 스마트

폰 시대의 메신저는 '읽음' 상태를 실시간으로 공유함으로써 커뮤니케이션에 새로운 심리적 압박과 규범을 부여하게 되었다.

'기독(既読)' 상태임에도 불구하고 답장이 오지 않는 상황은 발신자에게 "무시당했다"는 불안감이나 불쾌감을 줄 수 있다. 이러한 상황을 일본의 젊은 세대는 '무시하다', '흘려보내다'라는 의미의 영어 'Through(スルー, 스루 [*suɾuː*])'와 결합하여 '기도쿠 스루(既読スルー)'라고 명명했다. 그리고 이를 다시 로마자 입력의 두음법칙에 따라 '기(Ki)'의 K와 '스(Su)'의 S를 따와 알파벳 'KS'라는 신어를 만들어냈다.

한국어의 '읽씹(읽고 씹다)'과 정확히 대응되는 이 단어는, IT 기술의 발전이 인간의 소통 방식과 감정 처리에 어떻게 영향을 주었는지를 언어적으로 포착할 수 있는 좋은 사례이다. 기술적 기능이 사회적 예절과 심리적 갈등의 영역으로 전이되면서, 이를 지칭하기 위한 새로운 언어가 탄생한 것이다. 이는 신어가 단순한 단어의 조합이 아니라, 기술적 환경과 사회적 심리의 교차점에서 발생한다는 사실을 알려준다. 더 나아가 'KS'는 메시지를 보내고 즉각적인 반응을 기대하는 현대인의 조급함과 연결성에 대한 강박을 반영하기도 한다.

✳

『 생활양식과 언어유희 』

플로리다(フロリダ)

또 다른 흥미로운 신어 사례는 미국의 주(State) 이름과 동음이의어인 '플로리다'이다. 이 단어는 일본 고유의 생활양식과 인터넷 커뮤니케이션의 실시간성이 충돌하고 융합하는 지점에서 탄생했다.

이 단어의 배경에는 일본 특유의 목욕 문화가 자리 잡고 있다. 일본인에게 입욕(入浴)은 단순한 세신(洗身) 행위를 넘어, 하루의 피로를 씻어내고 심신을 정화하는 매우 중요한 일과이자 의식이다. 고온다습한 일본의 여름 기후는 잦은 목욕을 필수적으로 만들었고, 단열 효율이 낮은 전통 가옥 구조는 겨울철에 욕조에 몸을 담가 체온을 높이는 것을 건강 유지의 핵심으로 만들었다. 따라서 일본인들은 저녁 시간에 반드시 일정 시간 동안 욕실에 머무는 시간을 갖게 되는데, 이 시간은 필연적으로 메신저나 SNS 활동의 중단을 의미한다.

한참 라인이나 X(구 트위터)로 실시간 대화를 나누다가 "나 이제 목욕하러 가야 해서 대화를 멈춰야 해"라고 길게 설명하는 것은 번거롭고 대화의 흐름을 끊는 느낌을 줄 수 있다. 이때 일본의 젊은 세대는 "나 플로리다 할게(フロリダする)" 혹은 "이제 플로리다(フロリダ)"라고 짧게 말함으로써 유머러스하게 상황을 설명하고 양해를 구한다. 여기서 '후로(목욕)'와 '리다츠(이탈)'의 앞 글자를 따서 만든 조어가 우연히 미국의 지명 'Florida'와 발음이 같아지는 언어유희가 발생한다.

이러한 신어 생성 방식은 일본어의 조어법에서 흔히 볼 수 있는 '약어(略語, 랴쿠고)'와 '다자레(駄洒落, 말장난)'의 결합이다. 이는 젊은 세대가 언어를

단순히 정보 전달의 수단으로만 사용하는 것이 아니라, 소리와 이미지를 결합하여 놀이의 도구로 활용하고 있음을 보여준다. 또한 목욕에서 돌아왔을 때 "플로리다에서 귀국했다(フロリダから帰国)"라고 표현하는 것까지 확장되어, 하나의 단어가 상황극을 유도하는 문화적 코드로 발전하기도 했다.

✳

『 사회적 재난의 언어화 』

코로나카(コロナ禍)

신어는 때로 사회 전체가 겪는 거대한 재난이나 현상을 정의하기 위해 탄생하기도 한다. 2020년 전 세계를 강타한 팬데믹은 언어생활에도 지울 수 없는 흔적을 남겼다.

표기	コロナ禍(코로나카[*koronaka*])

의미	코로나19 팬데믹으로 인한 재앙, 피해, 위기 상황.

'화(禍, 와자와이/카)'는 재앙이나 불행, 피해를 뜻하는 한자이다. 전 세계를 강타한 코로나19 바이러스가 가져온 사회적 혼란, 경제적 위기, 그리고 일상의 붕괴를 총체적으로 표현하기 위해 '코로나'라는 외래어 뒤에 한자 '카(禍)'를 붙여 '코로나카'라는 신어를 만들어냈다. 이는 한국어의 '코로나 시국'이나 '코로나 사태'와 유사한 맥락이지만, '전화(戰禍, 전쟁의 참화)'나 '설화(舌禍, 말로 인한 재앙)'처럼 한자어 조어법의 전통을 따르면서도 현대적인 바이러스 명칭과 결합했다는 점에서 일본어의 조어적 유연성을 보여준다.

이 단어는 단순히 병리학적인 감염 상황만을 의미하는 것이 아니다. 코로나로 인해 직장을 잃거나, 학교에 가지 못하거나, 여행이 취소되는 등 사회적, 경제적, 심리적 피해를 모두 포괄하는 개념이다. 한국에서도 '코호트 격리'나 '언택트(Untact)'와 같이 전염병이라는 특수한 상황이 만들어낸 신조어들이 등장했듯, 일본의 '코로나카' 역시 재난 상황을 언어로 정의함으로써 그 시기를 기억하고 대처하려는 사회적 의지를 반영한다.

이 외에도 일본어에는 한국어의 '야민정음(멍멍이->댕댕이)'과 유사한 시각적 변형이나, '외계어'와 같은 통신 언어의 변형 등 다양한 신어 생성 방식이 존재한다. 이러한 신어들은 기존 언어의 규칙을 파괴하는 것처럼 보일 수 있지만, 실제로는 언어의 표현력을 확장하고 새로운 세대의 정체성을 드러내는 창조적인 활동의 산물이라 할 수 있다.

✳

『 유행어(流行語) 』

시대의 공기를 담은 그릇

신어가 '생성'에 초점을 맞춘 개념이라면, 유행어(流行語, 류코고[*rjuːkoːgo*])는 '확산'과 '소비'에 초점을 맞춘 개념이다. 유행어는 반드시 새롭게 만들어진 단어일 필요는 없다. 과거에 존재했던 단어라도 시대정신(Zeitgeist)을 타고 특정 시기에 폭발적으로 사용된다면 유행어의 지위를 획득한다.

유행어는 그 시대 대중의 욕망, 불안, 관심사를 반영하며, 대중문화 콘텐츠(드라마, 영화, 애니메이션), 유명인의 발언, 인터넷 밈(Meme) 등을 통해 전파된다.

✻

『 공감의 언어 』

소레나(それな)

| 표기 | それな(소레나[*sorena*])

| 의미 | 그러네, 맞아, 내 말이, ㅇㅇ.

'소레나'는 원래 간사이 방언이나 구어체에서 상대방의 말에 맞장구칠 때 쓰던 표현이다. "그거야 그렇지(それはそうだね)"의 줄임말 혹은 변형으로 볼 수 있다. 이것이 인터넷 게시판과 SNS, 메신저를 통해 젊은 층 사이에서 폭발적으로 유행하게 된 이유는 '공감'을 중시하는 현대의 소통 문화 때문이다.

한국어의 'ㅇㅇ(응)'이나 'ㅇㅈ(인정)', 영미권의 'IKR(I Know, Right?)'과 유사하게, '소레나'는 상대방의 의견에 깊이 동의함을 짧고 강렬하게 표현한다. 특히 텍스트 기반의 대화에서 긴 설명 없이도 "너의 마음을 이해한다", "우리는 같은 생각이다"라는 유대감을 확인시켜 주는 기능을 한다. 이 단어는 2010년대 후반부터 여고생(JK)을 중심으로 유행하기 시작하여, 현재는 세대를 불문하고 널리 쓰이는 일상어가 되었다. 이는 일본 사회, 특히 젊은 세대의 커뮤니케이션에서 '동조'와 '공감'이 얼마나 중요한 가치인지를 보여주는 지표이다.

*

『 사회 현상의 반영 』
클러스터(クラスター)와 이마데쇼(今でしょ)

クラスター(크라스타[kɯrasɯtaː])

본래 '포도송이', '무리', '집단'을 뜻하는 영어 단어 '클러스터(Cluster)'는 코로나19 팬데믹 당시 '집단 감염'을 뜻하는 전문 용어로 일본 뉴스에 연일 등장했다. 이후 대중들 사이에서 널리 쓰이며 2020년대를 상징하는 유행어가 되었다. 이는 전문 용어가 사회적 위기 상황을 매개로 대중 언어로 편입된 사례다.

今でしょ(이마데쇼[imadeɕo])

지금이죠!", "바로 지금 해야죠!"라는 뜻. 2013년, 입시 학원 강사 하야시 오사무(林修)가 TV 광고에서 "언제 할 것인가? 지금이죠!(いつやるか？今でしょ！)"라고 말한 것이 국민적인 유행어가 되었다. 미루지 말고 현재에 충실 하라는 긍정적인 메시지가 경기 회복을 기대하던 당시 일본 사회의 분위기와 맞물려 큰 반향을 일으켰다. 이처럼 유행어는 단순한 말장난을 넘어 사회적 메시지를 전달하는 슬로건 역할을 하기도 한다. 패러디 광고나 예능 프로그램에서 수없이 재생산되면서, '이마데쇼'는 일본인이라면 누구나 아는 관용구가 되었다.

대중문화를 반영하는 일본어의 신조어와 유행어

일본의 신어와 유행어는 대중문화 콘텐츠와 떼려야 뗄 수 없는 관계를 맺고 있다. 만화, 애니메이션, 드라마, 아이돌 문화는 새로운 언어를 생산하는 공장이자, 그 언어를 유통하는 거대한 파이프라인이다. 특히 매년 연말 발표되는 '신어·유행어 대상'이나 'JC·JK 유행어 대상'의 결과는 그해 일본 대중문화의 지형도를 적나라하게 보여준다.

1. 2020년 유행어 대상: 팬데믹과 콘텐츠의 위로

2020년은 전 세계가 코로나19 팬데믹의 충격에 빠진 해였지만, 역설적으로 일본 대중문화 콘텐츠가 폭발적인 성장을 이룬 해이기도 하다. 집안에 머무는 시간이 늘어나면서 넷플릭스와 같은 OTT 서비스와 게임, 만화 소비가 급증했기 때문이다. 이러한 배경 속에서 탄생한 유행어들은 당시 일본 사회가 무엇을 보며 위로받았는지를 보여준다.

『 한류의 재점화 』

사랑의 불시착(愛の不時着)

2020년 유행어 대상 톱10에 한국 드라마 제목이 랭크되었다는 사실은 매우 상징적이다.

표기	愛の不時着(아이노 후지차쿠[aino ɸɯdzitɕakɯ])

의미	한국 드라마 '사랑의 불시착'.

기존의 한류가 주로 여성층을 중심으로 소비되었다면, <사랑의 불시착>은 30~50대 중년 남성층까지 흡수하며 일본 사회 전반에 '제4차 한류 붐'을 일으켰다. 재택근무가 일상화되면서 남성들이 집에서 아내와 함께 드라마를 시청하게 되었고, 남북 분단이라는 무거운 소재를 로맨틱 코미디로 풀어낸 서사가 일본 시청자들에게 신선한 충격과 위로를 주었기 때문이다. 이 드라마의 제목 자체가 유행어가 되었다는 것은, 콘텐츠가 국경을 넘어 언어생활에까지 영향을 미치는 문화적 파급력을 증명한다.

✳

『 사회 현상이 된 애니메이션 』
귀멸의 칼날(鬼滅の刃)

표기	鬼滅の刃(귀멸의 칼날, 키메츠노 야이바[*kimetsɯno jaiba*])

유행어	全集中の呼吸
	(전집중의 호흡, 젠슈추노 코큐[*zenɕɯːtɕɯːno kokɯː*])

애니메이션 <귀멸의 칼날>은 2020년부터 일본을 휩쓴 사회 현상이었다. 영화 『극장판 귀멸의 칼날: 무한열차편』(2020) 그리고 『극장판 귀멸의 칼날: 무한성편』(2025)은 일본 역대 흥행 수입 1위를 기록할 정도로 대성공을 거두었다. 작품 속에 등장하는 주인공 카마도 탄지로(竈門炭治郎)가 사용하는 호흡 기술 명칭인 '전집중의 호흡'은 남녀노소를 불문하고 집중력을 발휘해야 하는 상황에서 사용하는 관용구가 되었다. 정치인이 국회 답변에서 인용할 정도로 그 파급력은 막강했다. 이는 서브컬처(Subculture)가 메인스트림(Mainstream)으로 부상하여 대중 언어를 지배하는 현상을 보여준다.

2. JC·JK 유행어 대상: 여중생·여고생이 만드는 언어의 최전선

일본의 마케팅 기업 AMF가 발표하는 'JC·JK 유행어 대상(JC·JK流行語大賞)'은 일본의 10대 여중생(JC)과 여고생(JK) 사이에서 유행하는 트렌드를 분석한 지표다. 이들은 일본 신조어 및 유행어의 가장 강력한 생산자이자 소비자로서, 이들의 언어는 곧 일본 사회 전체의 유행으로 확산되는 경향이 있다. 'JC'는 女子中学生(여자 중학생, 조시 츄가쿠세이[dʑoɕi tɕuːgakɯseː]), 'JK'는 여자 고등학생(女子高校生, 조시 코코세[dʑoɕi koːkoːseː])의 약어이다.

2020년과 2024년의 JC·JK 유행어 대상을 비교 분석해 보면, 미디어 환경의 변화와 세대 감각의 진화를 읽어낼 수 있다.

✳

『 2020년 JC·JK 유행어 』

틱톡(TikTok)과 감정의 시각화

2020년 대상 결과를 살펴보자면 틱톡과 같은 숏폼 SNS 플랫폼의 영향력이 절대적이었음을 보여준다.

JC·JK 流行語大賞 2020 #

ヒト部門

👑1 NiziU (アーティスト)
2 北村匠海 (アーティスト)
3 LiSA (アーティスト)
4 JO1 (アーティスト)
5 しゅんまや (YouTuber)

モノ部門

👑1 鬼滅の刃
2 フルーツサンド
3 PITTA MASK
4 ホーム画面アレンジ
5 バケハ

アプリ部門

👑1 Widgetsmith
2 リール(Instagram)
3 Dazzカメラ
4 Zoom
5 Tokyo Disney Resortアプリ

コトバ部門

👑1 きゅんです
2 全集中の呼吸
3 ぴえんヶ丘どすこい之助
4 量産型ヲタク
5 〇〇しか勝たん

※2020年11月 JCJK調査隊調べ (株式会社AMF)

그림 2020년 JC·JK 유행어 대상 © PRTimes

① きゅんです(큔데스[*kyundesu*])

의미 심쿵, 가슴이 두근거림.

분석 한국의 '손가락 하트' 제스처와 함께 사용되는 말이다. 틱톡커 '히라메
(ひらめ)'의 노래 <포켓에서 큔데스!(ポケットからきゅんです!)>가 유행
하면서, 고마움이나 애정을 표현하는 인사말처럼 정착되었다. '무네큔
(胸キュン, 가슴이 쿵)'이라는 기존 단어를 더 귀엽고 짧게 변형한 것이
다. 동사나 형용사가 아닌 명사형 종결어미 '~데스(です)'를 붙여 단정적
이면서도 귀여운 느낌을 준다.

② ぴえん(피엔[piieɴ])

| 의미 | 잉잉(울음소리), 슬픔, 혹은 기뻐서 우는 모양.

| 분석 | 울고 있는 표정의 이모지를 소리로 표현한 의태어다. 심각한 슬픔이 아니라 "연필을 잃어버렸어, 피엔"처럼 가볍고 귀여운 슬픔을 표현하거나, 반대로 너무 기뻐서 눈물이 날 때 사용한다. 이는 감정을 텍스트가 아닌 '소리'와 '이미지'로 전달하려는 Z세대의 소통 방식을 보여준다. 더 나아가 '피엔'을 넘어서는 슬픔을 '파옹(ぱおん, 코끼리 소리)'이라고 표현하거나, '피엔 가오카 도스코이노스케(ぴえんヶ丘どすこい之助)'처럼 의미 없는 음절을 덧붙여 리듬감을 즐기는 언어유희로 확장되기도 했다.

③ ～しか勝たん(～시카 카탄[ɕika kataɴ])

| 의미 | ～가 최고다, ～밖에 이길 수 없다.

| 분석 | "역시 내 '최애(推し, 오시)'가 최고야"라는 의미로 "오시 시카 카탄(推ししか勝たん)"과 같이 쓰인다. 맹목적인 애정과 지지를 표현하는 덕질(推し活, 오시카츠) 용어이다. 이는 자신이 좋아하는 대상에 대한 절대적인 긍정을 나타내며, 경쟁 사회 속에서 자신의 취향만큼은 승리자임을 선언하는 심리가 반영되어 있다.

④ 量産型ヲタク(양산형 오타쿠, 료산가타 오타쿠[ɾoːsaŋgata otaku])

| 의미 | 개성 없이 유행하는 패션과 메이크업을 똑같이 따라 하는 오타쿠.

| 분석 | 특정 아이돌이나 캐릭터를 좋아하는 팬들이 서로 비슷한 옷차림(주로 핑크색 계열의 프릴이 달린 옷 등)과 헤어스타일을 하고 모여 있는 모습을 '공장에서 대량 생산된 제품'에 비유한 말이다. 자조적인 의미로 쓰이기도 하지만, 집단 내의 소속감을 확인하는 코드로도 사용된다.

*

『 2024년 JC·JK 유행어 』
커뮤니티와 혼종성

2024년의 결과는 '~계(界隈, 카이와이)' 문화의 확산으로 인한 유사한 유행어가 많았으며, 외래어와의 결합에 의한 유행어가 두드러졌다.

그림 2024년 JC·JK 유행어 대상 © PRTimes

① ほんmoney(혼마니[*hommani*])

[의미] 정말로, 진짜로.

[분석] 인기 인플루언서 케미오(kemio)가 사용하면서 유행했다. 간사이 방언 '혼마니(ほんまに, 정말로)'의 발음이 영어 'Money'와 유사하다는 점에 착안하여, 두 단어를 결합한 시각적 말장난이다. 의미상으로는 '돈'과 전혀 상관없지만, 힙(Hip)한 느낌과 재미를 위해 영어를 섞어 쓰는 방식이다. 이는 일본어의 소리(音)와 영어의 철자(Spelling)를 창의적으로 결합한 사례다.

② 自然界隈(자연계, 시젠 카이와이[*ɕizeŋ kaiwai*])

[의미] 자연을 즐기는 무리, 자연 친화적인 트렌드.

[분석] '카이와이(界隈)'는 본래 '근처', '일대'를 뜻하는 지리적 용어였으나, 인터넷상에서는 '특정 취미나 성향을 공유하는 집단'을 뜻하는 접미사로 의미가 확장되었다. '자연계외'는 도심을 떠나 피크닉을 가거나 자연 풍경을 즐기는 사진을 SNS에 올리는 트렌드를 지칭한다. '지뢰계(地雷系, 지라이케이[*dʑirai kei*])', '양산형(量産型, 료산가타[*ɾjoːsaŋ gata*])' 등 패션이나 성격을 규정하던 용어가 라이프스타일 전반으로 확장된 것이다. 이는 Z세대가 자신을 특정 '계(界)'에 소속시킴으로써 정체성을 확인하려는 경향을 보여준다.

[그림] 일본의 다양한 카이와이(界隈)류 신어와 유행어

③ **シル活**(시루카츠[*ɕiɾɯkatsɯ*])

<table>
<tr><td>의미</td><td>실바니아 패밀리(Sylvanian Families)로 하는 덕질 활동.</td></tr>
</table>

> **의미**   실바니아 패밀리(Sylvanian Families)로 하는 덕질 활동.

> **분석**   장난감 '실바니아 패밀리'의 인형을 가지고 다니며 사진을 찍거나 옷을 입히는 취미 활동을 뜻한다. '就活(취업 활동/취활, 슈카츠[*ɕɯːkatsɯ*])', '婚活(결혼 활동/혼활, 콘카츠[*koŋkatsɯ*])'에서 파생된 '~카츠(活)' 접미사가 '推し活(최애 활동/덕질, 오시카츠[*oɕikatsɯ*])'를 넘어 ちいかわ(먼작귀, 차이카와) 등과 같은 특정 브랜드나 캐릭터에까지 세분화되어 적용되고 있음을 보여준다.

④ **おったまget down**(옷타마 겟다운[*ottamageʈʈo dauɴ*])

> **의미**   깜짝 놀라다.

> **분석**   '혼비백산하다', '깜짝 놀라다'라는 뜻의 일본어 속어 '옷타마게루(おったまげる)'와 영어 'Get down'을 결합한 말이다. '게루'와 '겟'의 발음 유사성을 이용한 언어유희로, 틱톡 챌린지나 K-POP 아이돌(RIIZE 등)의 사용을 통해 확산되었다. 이는 '혼머니'와 마찬가지로 언어 간의 경계를 허무는 유희적 태도를 반영한다.

⑤ **バーンアウェイケーキ**(반아웨이케키[*baːɴ awei keːki*], Burn Away Cake)

> **의미**   불을 붙이면 숨겨진 메시지가 나타나는 케이크.

> **분석**   SNS, 특히 인스타그램이나 틱톡의 '보여주기' 문화와 결합된 아이템이다. 케이크 윗면의 종이에 불을 붙이면 그 아래에 숨겨진 이미지나 메시지가 드러나는 극적인 연출이 가능하여, 영상 콘텐츠 제작에 최적화된 유행어이자 아이템이다.

이처럼 JC·JK 유행어는 기존 언어의 규범을 파괴하고 재조립하는 과정에서 창의성을 발휘하며, 텍스트 입력의 효율성보다는 표현의 재미와 시각적 효과, 그리고 발음의 리듬감을 중시하는 경향을 보인다.

유행어의 명암: '사어(死語)'와 '불쾌어'

모든 유행어가 환영받는 것은 아니다. 유행어는 그 생명력이 짧아 금방 낡은 말, 즉 '사어(死語, 시고[sigo])'가 되기도 하고, 때와 장소(TPO)에 맞지 않게 사용될 경우 상대방에게 불쾌감을 주기도 한다. 특히 비즈니스 환경이나 위계질서가 엄격한 일본 사회에서 무분별한 유행어 사용은 세대 간 갈등의 원인이 되기도 한다.

1. 직장 후배의 짜증나는 말투 랭킹

다음과 같은 '직장 후배의 짜증나는 말투 랭킹'은 신어와 유행어가 공적인 공간에 침투했을 때 발생하는 세대 간의 마찰을 보여준다.

① オニ~(오니~, 鬼~[oni])

의미　매우, 엄청(접두사).

　　　예 오니 야바이(겁나 대박), 오니 오이시이(겁나 맛있다).

문제점　본래 '도깨비'나 '귀신'을 뜻하는 단어를 강조어로 사용하는 것은 속어적이며 거친 느낌을 준다. 한국어의 '개맛있다'나 '핵노잼'과 비슷한 어감이다. 상사에게 "이거 오니 오이시이데스(겁나 맛있습니다)"라고 하는 것은 격식에 맞지 않아 경박해 보일 수 있으며, 긍정적인 상황에 부정적인 이미지를 가진 단어를 붙이는 것에 대한 거부감이 작용한다.

② **ウケるんですけど**(우케룬데스케도[ɯkeɾɯn desɯ kedo])

| 의미 | (그거) 웃기는데요, 빵 터지네.

| 문제점 | 우케루(ウケる)'는 '호평을 받다', '웃기다'라는 뜻의 속어다. 상대방의 말이나 행동을 비웃거나 가볍게 여기는 듯한 뉘앙스를 풍길 수 있다. 진지한 업무 대화 중에 사용하면 예의가 없다고 느껴지며, 상사의 실수를 희화화하는 것처럼 들릴 수 있다.

③ **あざぁ～っす**(아잣~스[azaːssɯ])

| 의미 | 감사합니다 (아리가토 고자이마스의 극단적 축약).

| 문제점 | 스포츠계 동아리나 편의점 아르바이트생들이 주로 쓰는 말투로, 발음을 뭉개서 말하는 것이 특징이다. 성의가 없고 건들거리는 인상을 주며, 감사의 깊이가 얕아 보인다. '오하요 고자이마스(안녕하세요)'를 '오스(オッス)'로 줄이는 것과 비슷한 맥락이다.

④ **～じゃね？**(~쟈네?[dʑa ne])

| 의미 | ~아냐? ~이지 않아?

| 문제점 | 반말 투의 의문형 종결어미로, 상사에게 사용하기에는 부적절한 친구 사이의 말투(타메구치)다. "소레, 치가운 쟈네?(それ、違うんじゃね？ 그거, 아니지 않아?)"와 같이 사용하면 상사의 권위에 도전하는 것처럼 들릴 수 있다. 도쿄 방언인 '~쟌(~じゃん)'의 변형으로, 가벼운 느낌을 준다.

⑤ **逆に言うと**(갸쿠니 이우토[gʲakɯ ɲi juːto])

| 의미 | 반대로 말하면.

| 문제점 | 실제로 앞뒤 내용이 반대가 아님에도 불구하고, 무언가 논리적인 척하거나 화제를 전환하기 위해 습관적으로 사용하는 경우다. 이는 말의 내

용보다 형식만을 흉내 내는 젊은 세대의 화법에 대한 기성세대의 거부감을 반영한다. 맥락 없이 접속사를 남발하는 것은 대화의 논리를 흐리고 듣는 사람을 피로하게 만든다.

이러한 랭킹은 언어가 단순히 의미 전달의 수단을 넘어, 사회적 위계와 예절을 수행하는 도구임을 역설한다. 젊은 세대에게는 친밀감의 표현인 '유행어'가 기성세대에게는 '언어 파괴'나 '예의 없음'으로 받아들여질 수 있는 것이다.

언어의 파도타기

제1장에서는 일본의 신어와 유행어의 정의를 살펴보고, 대중문화와 기술 환경의 변화가 언어에 미치는 영향을 다양한 사례를 통해 분석해 보았다. 'KS'와 '플로리다(フロリダ)'는 메신저와 라이프스타일의 결합을, '소레나(それな)'와 '피엔(ぴえん)'은 공감과 감정의 시각화를, '혼마니(ほんmoney)'와 '시젠카이와이(自然界隈)'는 언어유희와 커뮤니티 문화를 대변한다.

일본어는 한자, 히라가나, 가타카나, 알파벳이라는 네 가지 문자 체계를 혼용하는 복잡한 시스템을 가지고 있다. 이러한 풍부한 표기 수단은 신어와 유행어가 탄생하기에 최적의 토양을 제공한다. 코로나카(コロナ過)와 같이 한자를 이용한 의미부여, 클러스터(クラスター)와 같이 가타카나를 이용한 외래어 수용, KS와 JK와 같은 알파벳을 이용한 축약 등 다양한 층위에서 언어의 실험이 일어난다.

우리가 이러한 신조어와 유행어를 알아보는 것은 단순히 신조어와 유행어를 암기하고자 함이 아니다. 그 단어들이 품고 있는 일본 사회의 '지금'을 이해하고, 세대와 문화를 가로지르는 소통의 맥락을 파악하기 위함이다. 언어는 살아 움직이는 생물과 같아서, 지금 이 순간에도 끊임없이 태어나고 변화하고 있다. 이 변화의 파도를 타는 것이야말로 일본 문화의 심층으로 들어가는 열쇠가 될 것이기 때문이다.

이어지는 제2장에서는 이러한 신조어와 유행어가 탄생하는 사회문화적 배경을 더욱 심도 있게 다루어, 미디어와 인터넷이 언어의 생성과 확산에 미치는 역할, 그리고 이를 바라보는 사회적 시선에 대해 알아보도록 하자.

제2장

일본의 신조어·유행어의 탄생과 사회적 시선

언어의 탄생과 변화: 규범과 일탈 사이에서

1. 언어의 생명력과 사회적 저항

언어는 정지된 화석이 아니라, 그 언어를 사용하는 언중(言衆)의 삶 속에서 끊임없이 생성되고, 변화하며, 때로는 소멸하는 생명체와 같다. 사회의 변화, 기술의 발전, 세대의 교체는 필연적으로 새로운 개념과 감정을 표현하기 위한 새로운 어휘, 즉 신어(新語)와 유행어(流行語)를 탄생시킨다. 그러나 이러한 언어의 역동성은 종종 기성세대가 구축해 놓은 기존의 언어 규범과 충돌하며 사회적 갈등을 야기하기도 한다.

새로운 세대가 만들어내는 신어와 유행어는 기성세대에게 있어 이해하기 힘든 '암호'이자, 언어의 순수성을 해치는 '오염'으로 인식되곤 한다. 이러한 현상은 비단 일본만의 문제는 아니다. 한국에서도 매년 한글날(10월 9일)을 전후하여 언론을 통해 "청소년들의 언어 파괴가 심각하다", "국적 불명의 외계어가 난무 한다"는 비판적인 기사가 쏟아진다.

"요즘 젊은 것들이 하는 말은 엉망이야. 존댓말은커녕 맞춤법도 틀리기 일쑤고 알아들을 수가 없단 말이야"라는 탄식은 시대를 막론하고 반복되어 온 세대 간 언어 갈등의 전형적인 레퍼토리인 것이다.

한국의 기성세대가 '언어유희인가, 언어 파괴인가'라는 이분법적 프레임으로 신조어 현상을 다루듯, 일본 사회 역시 신어와 유행어의 탄생을 바라보는 시선은 결코 곱지만은 않다. 지난 장에서 언급했듯 일본은 '언령(言靈, 코토다마[kotodama])', 즉 말에 깃든 영적인 힘을 믿는 전통적인 사상을 가지고 있기 때문에, 이러한 시선에는 언어의 변질이 곧 정신의 타락으로 이어질 수 있다

는 우려가 기저에 깔려 있는 것이다. 이러한 우려는 단순한 세대 차이를 넘어, '올바른 일본어(正しい日本語, 타다시이 니혼고[*tadaɕii nihōŋgo*])'를 지키려는 보수적인 움직임과 결합하여 사회적 담론을 형성하고 있다.

2. '국어'를 둘러싼 일본의 보수적 담론과 베스트셀러

2000년대 들어 일본 사회는 장기 불황(잃어버린 20년)과 정치적 우경화의 흐름 속에서 국가적 정체성을 재확립하려는 움직임이 강하게 나타났다. 이러한 사회적 분위기는 언어관에도 투영되어, 규범적이고 전통적인 일본어로의 회귀를 주장하는 서적들이 대중적인 인기를 끌었다.

대표적인 예로 오노 스스무(大野晋)의 『일본어 연습장(日本語練習帳)』 (1999)과 사이토 다카시(齋藤孝)의 『소리를 내어 읽고 싶은 일본어(声に出して 読みたい日本語)』(2001)를 들 수 있다.

『일본어 연습장(日本語練習帳)』
저명한 국어학자인 오노 스스무는 일본어의 문법적 정확성과 논리적 구조를 강조하며, 현대 일본어의 문란함을 비판하고 규범 문법에 맞는 언어 사용을 촉구했다. 이는 언어의 효율성이나 변화보다는 '전통적 규범'의 준수를 중시하는 태도이다.

『소리를 내어 읽고 싶은 일본어(声に出して読みたい日本語)』
사이토 다카시는 일본 고전 문학이나 명문을 낭독함으로써 일본어 특유의 리듬과 신체성을 회복하자고 주장했다. 이 책은 교육 현장과 가정에서 낭독 붐을 일으키며, '아름다운 일본어'에 대한 대중의 향수를 자극했다.

이러한 흐름의 정점에 있는 것이 수학자이자 에세이스트인 후지와라 마사히코(藤原正彦)의 『국가의 품격(国家の品格)』(2005)이다. 이 책은 200만 부 이상 팔리며 사회적 현상을 일으켰는데, 저자는 서구적인 논리와 합리성만으로는 국가의 품격을 지킬 수 없으며, 일본 고유의 정서(情緒)와 무사도(武士道) 정신, 그리고 아름다운 일본어를 지켜야 한다고 역설했다. 반도 마리코(坂東真理子)의 『여성의 품격(女性の品格)』(2007) 또한 유사한 맥락에서 품위 있는 언어 사용과 예절을 강조하며 베스트셀러가 되었다.

이러한 '품격' 담론과 '올바른 일본어' 붐은 1990년대 이후 급격히 확산된 신어와 유행어, 특히 젊은 세대의 언어(若者言葉)에 대한 반작용으로 해석할 수 있다. 한자 검정 시험(漢字検定) 응시자가 2000년대 초반 150만 명 수준에서 2008년 약 289만 명으로 급증한 현상 또한 이러한 사회적 분위기를 방증한다. 그러나 『국가의 품격』에서 강조하는 '무사도'가 사실은 고작 100여 년 전 메이지 시대(明治時代, 1868년~1912)에 서구의 기사도에 대항하기 위해 급조된 '만들어진 전통'이라는 점을 상기할 때, 언어적 순수성에 대한 집착 또한 근대 국민 국가가 형성해 낸 이데올로기적 산물일 가능성을 배제할 수 없다. 언어의 변화를 '오염'이나 '파괴'로만 바라보는 시각은 언어의 본질적인 생명력을 간과하는 경직된 태도일 수 있다.

3. 표준어(標準語)와 공통어(共通語)의 정치학

특히 일본어의 신어와 유행어를 논할 때 반드시 짚고 넘어가야 할 개념이 바로 '표준어'와 '공통어'의 구분이다. 이 두 용어는 얼핏 비슷해 보이지만, 그 이면에 담긴 역사적, 정치적 함의는 크게 다르다.

표준어(標準語, 효준고[hjo:dʑɯŋgo])

메이지 유신(明治維新) 이후 일본 정부는 근대 국민 국가를 건설하기 위해 언어 통일 정책을 강력하게 추진했다. 당시 일본은 번(藩)마다 방언 차이가 극심하여 의사소통이 어려울 정도였다. 정부는 도쿄의 야마노테(山の手) 지역 중류 계급의 언어를 기반으로 '표준어'를 제정하고, 학교 교육을 통해 이를 전국에 보급했다. 이때의 표준어는 '올바른 말'이자 '문명개화의 도구'였으며, 지방의 방언은 교정하고 박멸해야 할 '나쁜 말', '시골 말'로 간주되었다. 오키나와 등지에서 방언을 사용한 학생에게 벌칙으로 목에 걸게 했던 '방언 명찰(方言札)'은 표준어 이데올로기가 얼마나 폭력적으로 작동했는지를 보여주는 역사적 증거이다.

공통어(共通語, 쿄츠고[kjo:tsɯːgo])

제2차 세계대전 패전 이후, 획일적이고 권위주의적인 '표준어' 개념에 대한 반성이 일어났다. 이에 따라 언어학계와 교육계에서는 '표준어' 대신 '공통어'라는 용어를 사용하기 시작했다. 공통어는 "서로 다른 방언을 사용하는 사람들이 의사소통을 위해 편의상 사용하는 말"이라는 기능적 측면을 강조한다. 이는 특정 지역의 언어(도쿄어)를 절대적인 규범으로 강요하는 것이 아니라, 지역 방언의 가치를 인정하면서 상호 이해를 위한 도구로서의 언어를 지향하는 태도이다.

본 저서에서 '공통어'라는 표현을 자주 사용하는 이유는, 언어를 권력의 도구가 아닌 소통의 도구로 바라보고자 함이다. 신어와 유행어 또한 기존의 '표준어' 규범에서는 벗어나 있을지 모르지만, 현대 사회의 구성원들이 공감하고 소통하기 위해 만들어낸 '새로운 공통어'의 후보군으로서 그 가치를 지니기 때문이다. 방언이 틀린 말이 아닌 것처럼, 신어와 유행어 역시 틀린 말이 아니라 '변화하는 말'인 것이다. 참고로 신어와 유행어 속의 방언에 대한 더욱 상세한 이야기는 이후 제10장에서 다시금 상세히 알아보자.

신어와 유행어의 양상: 의미의 확장과 전복

언어의 변화는 단순히 새로운 단어가 생겨나는 것(신조어)뿐만 아니라, 기존 단어의 의미가 변화하거나(의미 변화), 문법적 기능이 달라지는 것(통사적 변화)을 모두 포괄한다. 일본어의 '야바이(やばい)'와 '젠젠(全然)'은 이러한 언어 변화의 역동성을 가장 잘 보여주는 사례이다.

『 やばい(야바이) 』
범죄자의 은어에서 전 국민의 감탄사로

'야바이(やばい[jabai])'는 현대 일본 대중문화와 일상회화에서 가장 빈번하게 사용되는 형용사 중 하나이다. 이 단어의 변천사는 언어가 사회적 맥락에 따라 어떻게 의미를 전복시키고 확장하는지를 극적으로 보여준다.

· 어원과 부정적 의미의 기원

'야바이'의 어원은 에도 시대(1603~1868)로 거슬러 올라가는데, 크게 두 가지 유력한 설이 있다.

- 감옥설: 감옥이나 구치소를 뜻하는 은어 '야바(厄場, やば)'에서 유래했다는 설. 범죄자들이 간수나 형사에게 잡힐 위험한 상황을 "야바다!"라고 표현한 데서 형용사화 되었다는 것이다.

- 화살 연습장설: 당시 '야바(矢場)'라고 불리던 화살 연습장은 표면적으로는 오락 시설이었으나, 뒤에서는 매춘 등 불법적인 일이 벌어지던 위험

한 장소였다. 이곳에 출입하는 것이 위험하다는 의미에서 유래했다는 설이다.

어떤 설을 따르든, 초기 '야바이'는 도둑, 사기꾼 등 뒷골목 세계의 사람들이 "들키겠다", "위험하다", "큰일 났다"라는 절박하고 부정적인 상황을 묘사할 때 쓰던 은어였다.

· 1980년대: 심미적 부정성으로의 이동

1980년대에 들어서면서 '야바이'는 물리적인 위험을 넘어, "멋이 없다(格好悪い, 갓코와루이)", "촌스럽다", "꼴사납다"라는 심미적인 부정적 평가로 의미가 확장되었다. 예를 들어 패션 센스가 엉망인 사람을 보고 "아노 히토 야바이(あの人、やばい, 저 사람 좀 이상해/별로야)"라고 하는 식이다. 이때까지만 해도 '야바이'는 여전히 부정적인 뉘앙스의 울타리 안에 있었다.

· 1990년대 이후: 의미의 대반전(Amelioration)

1990년대, 특히 젊은 세대를 중심으로 '야바이'의 의미에 혁명적인 변화가 일어난다. 부정적인 의미가 180도 뒤집혀 '대단한(凄い, 스고이)', '멋진', '최고인', '맛있는'이라는 최상급의 긍정적인 찬사로 쓰이기 시작한 것이다. 맛있는 음식을 먹었을 때 "고레 야바이!(これ、やばい!)"라고 외치는 것은 "이거 위험할 정도로 맛있다", "죽여준다"와 같은 뜻이 된다. 이는 영어의 슬랭 'Bad'나 'Sick', 'Wicked'가 '멋진', '끝내주는'이라는 긍정적인 의미로 쓰이는 언어 현상과 정확히 일치한다. 또한 한국어에서 '죽이는', '미친', '지리는'과 같이 부정적이거나 자극적인 단어가 긍정적인 감탄사로 전용되는 것과도 궤를 같이한다.

· 현대의 야바이: 문맥 의존적 만능 형용사

2024년 현재, '야바이'는 긍정과 부정을 모두 아우르는 '문맥 의존적' 어휘가 되었다.

- 부정적 상황: "지각이다, やばい(야바이)!" (큰일 났다)
- 긍정적 상황: "이 노래 やばい(야바이)!" (이 노래 너무 좋다)
- 강조 표현은 '야바스기루(やばすぎる, 너무 멋진)'. 야바이(やばい)는 상황과 억양, 표정에 따라 의미가 결정되는데, 복잡한 감정을 짧은 단어 하나로 압축하여 표현하고자 하는 젊은 세대의 언어적 경제성과 감성 중심의 소통 방식을 대변한다. 기성세대는 이를 '어휘력의 빈곤'이라고 비판하기도 하지만, '야바이'는 그 자체로 풍부한 화용론[*]적 기능을 수행하고 있다.

『 全然(젠젠) 』
문법적 '오용'인가, 역사적 '부활'인가?

'全然(전혀, ぜんぜん[zenzen])'은 한국어의 '전혀'에 해당하는 부사이다. 일본어 교과서나 학교 문법에서는 "젠젠(全然) 뒤에는 반드시 부정(否定) 표현이 와야 한다"고 가르친다.

> ### < 규범 문법 >
>
> 全然分からない。(젠젠 와카라나이) – 전혀 모르겠다) (O)
>
> 全然美味しい。(젠젠 오이시이) – *전혀 맛있다) (X)

---

[*]　화용론(話用論, Pragmatics) : 말의 사전적 의미가 아니라, 상황(맥락) 속에서 실제 어떤 뜻으로 쓰였는지를 연구하는 언어학의 한 분야

그러나 현대 일본인들, 특히 젊은 층은 일상회화에서 "全然美味しい(젠젠 오이시이, 완전 맛있어)", "全然大丈夫(젠젠 다이조부, 완전 괜찮아)"와 같이 긍정 표현과 함께 사용하는 경우가 매우 흔하다. 이를 두고 "요즘 젊은이들은 문법을 모른다"고 비판하는 목소리가 높지만, 언어의 역사를 살펴보면 이는 단순한 오용이 아님을 알 수 있다.

· 메이지 시대의 용법과 표준어 정책

놀랍게도 메이지 시대(1868~1912) 문학 작품을 살펴보면, '젠젠'이 긍정 표현과 함께 쓰이는 예를 쉽게 찾아볼 수 있다. 메이지 시대의 문호 나츠메 소세키(夏目漱石)의 소설 『도련님(坊っちゃん)』(1906)이나 모리 오가이(森鷗外)의 작품에서도 "全然悪い(젠젠 나쁘다)", "全然同感だ(젠젠 동감이다)"와 같은 표현이 등장한다. 당시 '젠젠'은 "남김없이", "완전히", "모조리"라는 뜻으로, 긍정과 부정 양쪽 모두를 수식할 수 있는 강조 부사였다.

그러나 쇼와 시대(昭和時代)에 들어서면서, 국가 주도의 표준어 교육이 강화되었고, 문법을 체계화하는 과정에서 '젠젠(全然)'을 '부정어와 호응하는 부사'로 규정해 버렸다. 즉, "全然(젠젠) + 부정"이라는 규칙은 언어의 본래 성질이라기보다는 인위적인 표준화 정책에 의해 만들어진 '근대의 발명품'에 가깝다.

· 현대의 부활

따라서 오늘날 젊은 세대가 사용하는 긍정의 '全然(젠젠)'은 문법의 파괴가 아니라, 오히려 100년 전의 용법이 부활하여 언어의 본래 기능을 회복한 현상으로 볼 수 있다. 혹은 '강조'의 기능을 극대화하기 위해 규범을 뛰어넘는 언어적 전략을 구사하는 것으로 해석할 수도 있다. "全然、OK。(젠젠 OK, 완전 좋아)"는 단순한 "OK"보다 훨씬 강력한 긍정의 의사를 전달하며, 이는 'と

ても(토테모, 매우)'라는 표준어 부사가 주지 못하는 구어체적 생동감을 부여한다.

✱

『세이쇼 나곤의 한탄』

천 년 전에도 "요즘 애들은…"

신어와 유행어, 그리고 언어 변화에 대한 기성세대의 비판은 현대만의 현상이 아니다. 약 1000년 전 헤이안 시대(平安時代)의 수필가 세이쇼 나곤(清少納言)은 그녀의 대표작 『마쿠라노소시(枕草子)』(1001)에서 당시 젊은이들의 언어 습관을 신랄하게 비판했다.

> "어떤 말을 하든지, '그것을 하려 한다(そのことさせむとす)', '말하려 한다(言はむとす)', '무엇을 하려 한다(何とせむとす)'와 같은 표현에서 '토(と)'라는 글자를 빼고, 그냥 '말할란다(言はむずる)', '마을에 나갈란다(里へ出でむずる)' 등으로 말하는 것은 참으로 좋지 않다(いとわろし)."
>
> - 『마쿠라노소시(枕草子)』

세이쇼 나곤은 당시의 표준적이고 우아한 표현인 '~무토스(~むとす)' 대신, 조사를 생략하고 발음을 뭉개서 말하는 축약형 '~무즈루(~むずる)'를 사용하는 세태를 "상스럽다"고 꼬집었다. 이는 마치 현대 한국어에서 "~하려고 한다"를 "~할라구"로, "~하지 않아?"를 "~자나?"로 줄여 말하는 것과 유사한 현상이다. 이 1,000년 전의 기록은 두 가지 사실을 시사한다. 첫째, 언어는 항상 효율성과 편의성을 추구하는 방향(축약, 생략)으로 변화해 왔다는 것. 둘째, 그 변화에 대한 기성세대의 저항감은 인간의 보편적인 심리라는 것이다. 그러나 결국 언어는 변화했고 'むとす(무토스)'는 사라졌다. 오늘날 우리가 '고전적이

고 우아하다'고 느끼는 말들도, 과거의 누군가에게는 '천박한 유행어'였을지 모른다.

대중문화를 반영하는 일본어의 신조어와 유행어

신어와 유행어는 진공 상태에서 태어나지 않는다. 그것은 대중문화(Pop Culture)라는 비옥한 토양 위에서 자라난다. 미디어, 인터넷, 게임, 그리고 지역 방언 등 다양한 문화 콘텐츠는 새로운 어휘를 생산하고 유통하는 거대한 공장이다.

1. 미디어와 신어: 초식남과 육식녀를 둘러싼 젠더 사회학

2000년대 중반, 일본 사회를 강타한 '소쇼쿠단시(초식남, 草食男子)'와 '니쿠쇼쿠조시(육식녀, 肉食女子)'라는 단어는 미디어가 사회 현상을 포착하고 이름을 붙임으로써 대중의 인식을 재구성한 대표적인 사례다. 어쩌면 2020년대 후반 한국의 '에겐~'과 '테토~'라고 하는 새로운 남녀 수식 유행어가 이와 유사한 부분이 있다고 볼 수 있겠으나, 그 어휘의 수명은 두고 봐야 할지도 모른다.

그림 초식남(裝飾男子)과 육식녀(肉食女子)

① 草食男子(초식남, 소쇼쿠단시[so:ɕokɯ danɕi])

2006년 칼럼니스트 후카사와 마키(深澤真紀)가 처음 사용하고, 2008년 패션 잡지 『non-no』 등에서 다루며 폭발적으로 유행했다. 이들은 연애나 성(性, 육체적 욕망)에 적극적이지 않고(풀을 뜯는 초식동물처럼), 자신의 취미나 라이프스타일을 중시하며 이성 친구와도 담백한 관계를 유지하는 남성을 지칭한다. 이는 고도 경제 성장기 일본을 이끌었던 '기업 전사'나 가부장적인 남성상, 즉 여성을 리드하는 '육식남'과는 정반대되는 존재다. 장기 불황과 여성의 사회 진출 확대, 그리고 전통적인 남성성에 대한 피로감이 복합적으로 작용하여 탄생한 새로운 남성상이라 할 수 있다.

② 肉食女子(육식녀, 니쿠쇼쿠조시[nikɯɕokɯ dʑoɕi])

초식남의 반대 개념으로, 연애와 일에 있어 주도적이고 적극적인(고기를 사냥하는 육식동물처럼) 여성을 의미한다. 마음에 드는 이성에게 먼저 대시하고,

자신의 욕망을 솔직하게 드러내는 그녀들은 기존의 수동적인 일본 여성상인 야마토 나데시코(大和撫子, 요조숙녀)를 전복하는 존재들이다.

여기서 파생된 롤 캐베츠(롤 양배추) 남자(ロールキャベツ男子[*ro:ru kyabetsu danɕi*])는 더욱 흥미롭다. 겉보기에는 초식남처럼 온화하고 부드러워 보이지만(양배추), 그 속은 육식남처럼 뜨거운 열정과 남성성을 품고 있는 (고기) 남자를 뜻한다. 이는 인간의 복합적인 내면을 서양 요리인 '롤 캐베츠(Cabbage Roll)'에 비유한 재치 있는 신조어로, 일본 식문화의 외래어가 인물 유형을 설명하는 사회적 코드로 진화했음을 보여준다.

2. 인터넷과 SNS: 입력어(打ち言葉)와 시각적 유희

스마트폰과 SNS의 보급은 '입력어(打ち言葉, 우치코토바)'라는 새로운 언어 양식도 낳았다. 이는 구어(말)와 문어(글)의 경계에 있는 하이브리드 언어로, 키보드 입력의 편의성과 시각적 효과를 극대화하는 방향으로 진화한다. 참고로 이와 같은 입력어에 대해서는 제5장에서 상세히 다루기로 한다.

① 의성어/의태어의 진화

'아게포요(あげぽよ[agepoyo])'는 기분(텐션)이 올라간 상태인 아게(上げ)에 귀여운 접미사 '포요(ぽよ)'를 붙인 말로, 특별한 의미보다는 발음의 리듬감과 귀여움을 즐기는 갸루(Gal) 문화의 산물이다. 'てへぺろ(테헤페로[tehepero])'는 실수했을 때 "でへっ(데헷, 헤헤)"이라고 웃으며 혀를 "페로(ペロ, 낼름)" 내미는 모습을 묘사한 의태어로, 성우 히카사 요코(日笠陽子)가 유행시켰다. 이는 텍스트만으로 자신의 표정과 감정, 그리고 "귀엽게 봐주세요"라는 메시지를 전달하려는 디지털 네이티브의 소통 전략이다.

그림 게키오코 푼푼마루(激おこぷんぷん丸) - 분노의 6단계 활용

② 점진적 강조 표현

'게키오코 푼푼마루(激おこぷんぷん丸[gekioko pɯmpɯm marɯ])'는 화난 상태를 단계별로 표현하는 인터넷 밈(Meme)의 정점이다.

- おこ(오코): 화남 (약함)

- マジおこ(마지오코): 진짜 화남

- 激おこぷんぷん丸(게키오코 푼푼마루): 완전 화남 (격하게 화나서 뿡뿡거림)

- ムカ着火ファイヤー(무카착카 파이어): 열받아서(무카츠쿠) 불붙음(착카)

- カム着火インフェルノ (카무착카 인페르노): 화산 폭발급 분노

- 激おこスティックファイナリアリティぷんぷんドリーム

  (게키오코 스틱 파이널리아리티 푼푼 드림): 분노의 최종 단계 (사실상 언어유희)

이러한 표현은 단순히 "화났다"고 말하는 것보다 훨씬 더 구체적이고 유

희적으로 자신의 감정 상태를 시각화한다. 특히 접미사 '마루(丸)'는 사무라이 시대의 칼 이름이나 배 이름, 혹은 사람 이름에 붙는 것으로, 분노라는 감정을 하나의 '캐릭터'처럼 대상화하여 웃음으로 승화시키는 효과가 있다. 이는 감정을 직설적으로 표현하기보다는 유머러스하게 포장하는 일본의 인터넷 문화의 특징을 반영한다.

3. 게임과 방언의 재발견

게임 문화 또한 신어의 중요한 원천이다.

① Bダッシュ(B대시, 비-닷슈[bi: daɕɕɯ])

닌텐도의 게임 『슈퍼 마리오 브라더스』에서 컨트롤러의 B버튼을 누르고 달리면 속도가 빨라지는 기능에서 유래했다. 일상생활에서 "서둘러 가다", "전력 질주하다"라는 뜻으로 쓰인다. (예: "지각이다! B대시로 가자!")

그림 이 B버튼을 누르면서 질주한다

② 8番出口(8번 출구, 하치반 데구치[hatɕibaɴ degutɕi])

2023~2024년 유행한 인디 게임으로, 무한히 반복되는 지하 통로에서 '이변'을 찾아내는 게임이다. 이 게임이 화제가 되면서, "빠져나갈 수 없는 상황"이나 "반복되는 일상", 혹은 "미묘하게 무언가 잘못된 상황"을 비유하는 밈(Meme)으로 확장되었다. 2024년 유행어 대상 후보에 오르기도 했다.

방언(Dialect)의 경우, 과거에는 '촌스러움'의 상징이었으나 현대에는 자신의 개성을 드러내거나 감정을 풍부하게 표현하는 도구로 재평가 받고 있다.

① めっちゃ(멧챠[mettɕa])

오사카 방언으로 '매우', '엄청'이라는 뜻이다. 코미디언들의 영향으로 전국적으로 퍼져, 이제는 도쿄의 젊은이들도 표준어인 '토테모(とても)' 대신 '멧챠'를 일상적으로 쓴다.

② むかつく(무카츠쿠[mukatsɯkɯ])

본래 '위장이 메스꺼리다'는 뜻이었으나, 오사카 등지에서 '화가 난다', '짜증 난다'는 심리적 의미로 쓰이던 것이 전국 표준어처럼 정착되었다.

③ ~じゃん(~쟌)

"~잖아", "~지 않아?"라는 뜻의 어미로, 본래 요코하마 등 중부 지방 방언이었으나 도쿄로 유입되어 현재는 수도권 젊은이들의 대표적인 말투가 되었다. 한국의 '뽀시래기(부스러기의 전라도/경상도 방언 -> 귀여운 것)'와 마찬가지로, 일본에서도 방언은 표준어가 담아내지 못하는 미묘한 뉘앙스와 친근함을 전달하는 '감정의 언어'로 소비되고 있다.

세대와 수명에 따른 신어의 분류

모든 신어와 유행어가 살아남는 것은 아니다. 어떤 말은 한 계절을 넘기지 못하고 사라지고, 어떤 말은 사전에 등재되어 영원한 생명을 얻는다. 우리는 신어와 유행어를 그 수명과 사용자층에 따라 다음과 같이 분류해 볼 수 있다.

1. 신어 vs 동세대어

‘야바이’는 1990년대 이후 의미가 확장되어 30년 넘게 쓰이고 있으므로 ‘신어’로 정착했다고 볼 수 있다. 반면, ‘도론(ドロン, 펑)’은 닌자가 연기 속으로 사라질 때 나는 의성어에서 유래한 말로, 1980년대 이전 세대는 “먼저 실례하겠습니다(퇴근하겠습니다)”라는 뜻으로 썼지만, 지금의 20대에게 쓰면 “그게 무슨 말이에요?”라는 반응을 얻거나 “아재 개그” 취급을 받는다. 이처럼 말은 세대의 정체성을 드러내는 ‘나이테’와 같다.

2. 알파벳 약어의 유행(KY어)

JK(女子高生, 여고생), KY(空気読めない, 분위기 파악 못 함), SNK(상관없어) 등은 로마자 줄임말, 이른바 ‘KY어’의 일종이다. 이는 휴대전화 문자 입력의 편의성에서 시작되어, 은어적 재미와 경제성을 동시에 추구하는 젊은 세대의 언어 습관을 보여준다. 한국어의 ASKY((애인 등이) 안 생겨요), JMT(존맛탱) 그리고 초성체(ㅇㅈ, ㅇㅋ)와 유사하다. SNK의 경우 코미디언 코지마 요시오(小島よしお)가 팬티 차림으로 춤을 추며 외치던 유행어 “そんなの関係ない(손나노 칸케나이, 상관없어)”에서 유래했는데 이 유행어 자체는 시들해졌지만, 알파벳 약어 만들기 방식은 여전히 유효하다.

<신조어와 유행어의 분류>

분류	정의 및 특징	
	일본어	한국어
신어 新語	일시적 유행을 넘어 사회적으로 정착된 단어. 전 세대가 이해하며 사전에 등재될 가능성이 높음.	
	· 야바이(やばい): 위험하다/대박이다 · JK: 여고생	먹방, 갑질, 왕따
동세대어 同世代語	특정 시기에 유행하여 그 시대를 공유한 세대만이 계속 사용하는 말. 세대 차이를 드러내는 표지.	
	· 도론(ドロン): (닌자처럼) 사라지다/먼저 갈게, 쇼와 시대(1926~1989)의 철 지난 유행어	따봉, 캡, 즐, 안습
일시적 유행어 一時的 流行語	폭발적으로 유행했다가 순식간에 사라지는 말. 주로 개그맨의 유행어나 광고 카피.	
	· 손나 바나나(そんなバナナ): 그런 바보 같 은(바카나) -> 바나나 (다자레, 아재개그) · 손나노 칸케이 나이 (そんなの関係ねぇ): 상관없어 (코메디언 유행어)	미, 헐, 엽기
세대어 世代語	특정 생애 주기나 집단에 속해 있을 때만 사용하는 폐쇄적인 은어.	
	· 칸시타(館下): 오사카 대학 도서관 밑 식당(졸업하면 안 씀)	학식, 중도, 담탱이

변화하는 언어, 그 흐름에 몸을 싣다

이번 장에서는 일본의 신어와 유행어가 탄생하는 사회문화적 배경과 이를 둘러싼 다양한 시선들을 살펴보았다. 언어 파괴를 우려하는 기성세대의 목소리와 국가의 품격을 강조하는 보수적인 담론이 존재하는 한편, 언어는 대중문화와 인터넷이라는 바다 위에서 끊임없이 새로운 파도를 만들어내고 있다는 것을 확인할 수 있었다.

‘야바이(やばい)’와 ‘젠젠(全然)’의 사례는 언어의 의미와 용법이 고정불변의 것이 아니라 시대의 흐름에 따라 유연하게 변화함을 증명한다. ‘초식남(草食男子)’과 ‘육식녀(肉食女子)’는 변화하는 젠더 의식을, ‘게키오코 푼푼마루(激おこぷんぷん丸)’는 디지털 시대의 새로운 감정 표현 방식을, ‘B대시(Bダッシュ)’와 ‘8번 출구(8番出口)’는 게임이 일상 언어에 미치는 영향을 보여준다. 또한 방언의 재발견은 표준어 일변도의 언어생활에 다양성과 활기를 불어넣고 있다.

다시 한 번 강조하지만, 우리가 이러한 일본의 신어와 유행어를 알아보는 것은 단순히 신어와 유행어를 몇 개를 더 외우기 위함이 아니다. 지금 이 순간에도 수 없이 만들어지고 사라지고 있기도 하거니와, 무엇보다 신어와 유행어는 시대를 비추는 거울이자 그 시대를 살아가는 사람들의 무의식을 드러내는 가장 정직한 지표이기 때문이다. 독자 여러분은 신어와 유행어 속에 응축되어 담겨 있는 일본 사회의 욕망과 결핍, 세대 간의 갈등과 화해, 그리고 변화의 방향성을 이해하는 것을 통해 일본어와 일본의 대중문화에 한 걸음 더 가까이 다가갈 수 있기를 희망한다.

이어서 제3장 대중문화와 일본어의 신조어와 유행어에서는 이러한 현상들이 구체적으로 어떠한 구조적 원리(합성, 축약, 차용 등)를 통해 만들어지는지, 그리고 최근 일본 사회에서 화제가 된 더욱 다양한 사례들을 통해 그 언어적 창의성과 조어법의 원리를 심도 있게 알아보도록 하자.

대중문화와 일본의 신조어·유행어

변화하는 언어의 최전선, 단어와 어휘의 세계

언어는 정지된 화석이 아니라, 그 언어를 사용하는 언중(言衆)의 삶과 호흡하며 끊임없이 변화하는 유기체와 같다. 특히 현대 사회와 같이 미디어 기술이 급격히 발달하고 문화적 교류가 빈번한 시대에, 언어의 변화 속도는 과거 그 어느 때보다 빠르고 역동적이다. 우리가 앞선 장들에서 살펴보았듯, 일본의 신어(新語)와 유행어(流行語)는 단순히 젊은 세대의 유희적 산물이나 일시적인 현상에 그치지 않는다. 그것은 일본 사회의 문화적 흐름, 기술의 진보, 그리고 대중의 집단적 심리를 투영하는 가장 민감한 지표이자 거울이다.

제3장에서는 이러한 신어와 유행어가 과연 '어떠한 언어적 재료'를 바탕으로, '어떠한 구조적 원리'를 통해 만들어지는지를 언어학적 관점에서 심층적으로 해부하고자 한다. 우리는 흔히 신조어를 접할 때 그 기발함이나 재미, 혹은 사회적 현상으로서의 성격에 주목하기 쉽다. 하지만 그 이면에는 일본어라는 언어가 가진 고유한 형태적 특성과 조어(造語) 규칙이 정교하게 작동하고 있음을 이해해야만 한다.

본 장의 목표는 일본어의 가장 기초적인 단위인 '단어'와 '어휘'의 개념을 명확히 정립하는 것에서부터 출발한다. 나아가 형태소(Morpheme), 어근(Root), 어간(Stem)과 같은 미시적인 언어 단위들이 어떻게 결합하고, 변형되고, 재해석되어 새로운 의미를 창출해 내는지, 그 '생성의 메커니즘'을 구체적인 사례와 함께 분석할 것이다. 특히 '어구성의 원리'와 '7가지 조어법'을 중심으로, 현대 일본 대중문화 속에서 탄생한 다양한 신조어들이 어떠한 문법적 경로를 통해 시민권을 획득하게 되었는지를 추적해 볼 것이다. 이를 통해 독자들은 단순히 유행어를 암기하는 차원을 넘어, 일본어의 역동적인 생성 원리를 이해하고, 언어라는 프리즘을 통해 현대 일본 사회를 읽어내는 통찰력을 기르게 될 것이다.

일본어의 기초 체력: 단어(単語)와 어휘(語彙)

신어와 유행어의 생성 원리를 알아보기에 앞서, 우리는 언어의 가장 기초적인 재료가 되는 '단어'와 '어휘'의 개념을 명확히 구별하고 정의할 필요가 있다. 일상생활에서는 이 두 용어가 혼용되어 쓰이기도 하지만, 언어학적으로, 그리고 일본어 교육학적으로 이 둘은 분명히 구별되는 층위와 속성을 지닌다.

1. 단어(単語): 의미의 독립된 최소 단위

단어(単語, 탕고[*tango*])란 언어의 가장 기본적인 단위이자, 문장을 구성하는 개별적인 요소를 의미한다. 언어학적 정의에 따르면 단어는 "의미를 가지고 홀로 쓰일 수 있는 말의 최소 단위"로 규정된다. 즉, 분리하여 자립적으로 사용할 수 있는(자립성) 말의 한 덩어리이다.

예를 들어, 우리가 일본어로 문장을 구성할 때 사용하는 명사, 동사, 형용사 하나하나가 모두 단어에 해당한다. 신어와 유행어의 대다수는 바로 이 '단어'의 레벨에서 생성된다. 새로운 사회 현상이나 사물, 개념을 지칭하기 위해 기존에 없던 단어를 새롭게 만들어 내거나(신조어), 기존에 존재하던 단어에 새로운 의미를 부여하여 유행시키는 과정이 바로 언어 변화의 핵심이기 때문이다.

물론 유행어의 경우, 단어의 범위를 넘어 구(Phrase)나 문장(Sentence) 전체가 유행하는 경우도 있다. 예를 들어, 2014년 일본 유행어 대상을 수상한 개그 콤비 '일본엘렉키텔연합(日本エレキテル連合)'의 "안 돼~, 안 돼 안 돼(ダメよ~ダメダメ, 다메요 다메다메[*damejo damedame*])"와 같은 유행어는 문장 전체가 하나의 유행 코드로 소비된 사례이다. 한국어에도 "밥은 먹고 다니냐?", "뭣이 중헌디?" 등 영화의 흥행으로 인해 문장 전체가 유행어가 된 사례가 적지 않다. 그러나 언어 변화의 지속성과 구조적 측면에서 볼 때, 가장 본질적인 변화는 역시 '단어'의 생성과 소멸에 있다고 볼 수 있다.

2. 어휘(語彙): 단어들의 총체적 집합

반면, 어휘(語彙, 고이[*goi*])는 개별적인 단어가 아니라, 이러한 단어들의 집합 혹은 총체를 의미한다. 즉, 특정 언어 사회나 개인, 혹은 특정 문맥이나 범위 내에서 사용되는 단어들의 무리를 일컫는 말이다.

'어휘'라는 단어에 쓰인 '휘(彙, 이[*i*])' 자는 '무리', '모임'이라는 뜻을 가지고 있는데, 이는 본래 고슴도치를 뜻하는 글자이기도 하다. 고슴도치의 털이 빽빽하게 모여 있는 모양처럼, 수많은 단어들이 모여 있는 상태를 형상화한 것이다. 따라서 어휘는 낱개의 단어를 지칭하는 것이 아니라, 일정한 기준에 따라 묶여 있는 단어의 그룹을 지칭한다.

우리가 흔히 "그 사람은 어휘력이 풍부하다"라고 말할 때, 이는 그 사람이 아는 단어 하나하나가 훌륭하다는 뜻이 아니라, 그 사람이 머릿속에 저장하고 있는 단어의 집합(내재적 어휘)의 양과 질이 방대함을 의미한다. 어휘는 분류 기준에 따라 무수히 많은 하위 범주로 나뉠 수 있으며, 이는 신어와 유행어를 분류하는 중요한 기준이 된다.

어휘의 다양한 분류

어휘는 그 범위를 어떻게 설정하느냐에 따라 다양하게 명명될 수 있다.

- 언어별 분류: 가장 거시적인 분류로, '일본어의 어휘', '한국어의 어휘', '영어의 어휘'와 같이 특정 언어 전체에 속한 단어들의 집합을 의미한다.
- 지역별 분류: 특정 지역 사회에서 사용되는 방언 어휘의 집합이다. 예컨 대 '도쿄 사투리의 어휘', '오사카 사투리의 어휘', '하카타 방언의 어휘' 등이 있다.
- 사용 주체별 분류: 특정 세대나 직업군, 사회적 집단이 공유하는 어휘이 다. '여고생(JK)의 어휘', '직장인의 어휘', '대학생의 어휘', '오타쿠의 어 휘' 등이 여기에 해당한다. 와카모노코토바(若者言葉, 젊은 세대 언어)는 바 로 이 범주에 속하는 어휘군이다.
- 작품 및 작가별 분류: 특정 문학 작품이나 작가가 사용하는 고유한 단어 들의 모임이다. 소설 『태백산맥』(1983)의 어휘, 작가 무라카미 하루키(村 上春樹)의 어휘 등으로 분류 될 수 있다.
- 주제별 분류: 특정 주제와 관련된 단어들의 집합이다. '신체 어휘(Body vocabulary)', '색채 어휘(Color vocabulary)', '감정 어휘' 등이 있다.

결국 신어와 유행어는 '현대 일본 사회'라는 거대한 어휘의 바다 속에서, '새로움'과 '유행', 그리고 '대중성'이라는 특성을 공유하는 단어들의 집합, 즉 '신어·유행어 어휘'라고 정의할 수 있다. 이는 고정된 실체가 아니라, 시대의 흐름과 대중문화의 변화에 따라 끊임없이 구성원이 바뀌고 확장되는 매우 유동적인 집합체이다.

3. 일본어 어휘의 구조적 특징: 난해함과 풍요로움의 이중주

외국어 학습자에게 일본어 어휘 습득은 매우 까다로운 과제로 알려져 있다. 이는 일본어 어휘 체계가 가진 독특한 다층성과 낮은 커버율 때문이다.

① 다층적 어휘 구조: 화어, 한어, 외래어, 혼종어

일본어 어휘는 그 기원에 따라 크게 세 가지 층위와 이들의 결합으로 구성된다.

- 화어(和語, 와고[*wago*]): 일본의 고유한 토착 언어, 야마토 코토바(大和言葉)라고도 한다. 주로 일상적인 생활, 기본적인 동작, 감정, 자연 현상을 묘사하는 데 쓰이며, 정서적이고 부드러운 느낌을 준다. 훈독(訓読)으로 읽히는 경우가 많다.
  예 海(바다, 우미[*umi*]), 食べる(먹다, 타베루[*taberuɯ*]), 山(산, 야마[*jama*])

- 한어(漢語, 칸고[*kaŋgo*]): 중국에서 전래된 한자어 혹은 일본에서 한자를 이용해 독자적으로 만든 조어(和製漢語)를 포함한다. 추상적인 개념, 학술 용어, 공식적인 문서 등에서 주로 사용되며, 딱딱하고 격식 있는 뉘앙스를 풍긴다. 주로 음독(音読)으로 읽힌다.
  예 海洋(해양, 카이요[*kaijoː*]), 食事(식사, 쇼쿠지[*ɕokɯdʑi*]), 登山(등산, 토잔 [*tozaɴ*])

- 외래어(外来語, 가이라이고[*gairaigo*]): 주로 근대 이후 서양에서 들어온 말로, 가타카나(片仮名)로 표기된다. 현대 일본어 신조어의 가장 큰 비중을 차지하며, 세련되고 현대적인 이미지를 부여한다.
  예 オーシャン(오션, 오샨[*oːɕaɴ*]), ランチ(런치, 란치[*rantɕi*]), クライミング(클

라이밍, 쿠라이밍구[kɯraimiŋgɯ])

- 혼종어(混種語, 콘슈고[konɕugo]): 위의 세 가지 요소가 서로 결합하여 만들어진 단어들이다. 일본어의 조어적 유연성을 가장 잘 보여주는 영역이다.

　⑩ 生ビール(생맥주, 나마비루[namabi:rɯ]) = 화어(生) + 외래어(Beer)

　　消しゴム(지우개, 케시고무[keɕigomɯ]) = 화어(消し) + 외래어(Gum)

② 어휘의 커버율과 학습의 난이도

일본어 어휘 학습이 어려운 이유는 단순히 외워야 할 단어가 많아서 혹은 한자가 많아서가 아니라, 소수의 단어로 일상생활을 커버할 수 있는 비율, 즉 어휘 커버율이 다른 언어에 비해 현저히 낮기 때문이다.

예를 들어 약 5,000개의 기초 단어를 학습했을 때 해당 언어의 텍스트나 대화를 얼마나 이해할 수 있는지를 조사한 연구 결과는 다음과 같다.[*]

프랑스어: 약 96.0% > **영어**: 약 93.5% > **스페인어**: 약 92.5% >

중국어: 약 91.7% > **한국어**: 약 89.3% > **일본어**: 약 81.7%

이 통계는 일본어가 다른 언어에 비해 동일한 상황을 표현하는 데 있어 훨씬 더 다양하고 이질적인 어휘를 사용함을 시사한다. '바다'라는 하나의 대상을 두고도 상황에 따라 海(우미), 海洋(카이요), オーシャン(오션), シー(씨-Sea) 등 다양한 층위의 단어가 사용되기 때문에, 학습자는 이 모든 층위의 어휘를 습득해야만 온전한 의사소통이 가능하다. 이는 신조어와 유행어의 발생 빈도가 높고 그 양상이 복잡한 이유이기도 하다. 일본어는 한자, 히라가나, 가타카

---

[*] 玉村文郎(1998)「제7회 어휘연구(第7回語彙研究)」『일본어교육통신(日本語教育通信)』제30호(1998년 2월호). pp.11.

나라는 세 가지 표기 수단을 활용하여 끊임없이 새로운 어휘를 생산하고 수용하는 '어휘의 용광로'와 같다.

언어를 해부하다: 형태소 분석과 용어의 정립

신어와 유행어가 만들어지는 과정을 이해하기 위해서는, 먼저 단어를 구성하는 미시적인 단위들을 해부해 볼 필요가 있다. 마치 레고 블록을 조립하여 다양한 형태를 만들듯, 언어 역시 작은 단위들이 결합하여 단어를 이루고, 단어들이 결합하여 문장을 이룬다. 이 '언어의 레고 블록'에 해당하는 개념들을 명확히 이해하는 것은 일본어 조어법의 핵심을 파악하는 열쇠가 된다.

1. 의미의 최소 단위: 형태소(形態素)

형태소(Morpheme, 形態素, 케타이소[ke: taiso])는 뜻(의미)을 가진 가장 작은 말의 단위이다. 더 이상 나누면 의미가 사라지거나 전혀 다른 뜻이 되어버리는 한계점이다. 형태소는 자립성 유무에 따라 혼자서 쓰일 수 있는 '자립 형태소'와 반드시 다른 말에 붙어 써야 하는 '의존 형태소'로 나뉜다. 또한 의미의 성격에 따라 실질적인 의미를 가진 '어휘 형태소'와 문법적인 기능을 하는 '문법 형태소'로 구분할 수 있다.

예문 私は部屋で勉強します(나는 방에서 공부합니다)를 통해 일본어와 한국어의 형태소를 비교 분석해 보자.

일본어 분석

문장

私は部屋で勉強します。 (와타시 와 헤야 데 벤쿄 시마스)

형태소 분해

私 / は / 部屋 / で / 勉強 / し / ます

· 私(와타시): 대명사. 1인칭 '나'. (자립/어휘 형태소)

· は(와): 조사. 주제격 '은/는'. (의존/문법 형태소)

· 部屋(헤야): 명사. '방'. (자립/어휘 형태소)

· で(데): 조사. 장소격 '에서'. (의존/문법 형태소)

· 勉強(벤쿄): 명사(동작성). '공부'. (자립/어휘 형태소)

· し(시): 동사 する(하다)의 연용형. (의존/어휘 형태소, 관점에 따라 자립)

· ます(마스): 조동사. 정중형 어미. (의존/문법 형태소)

한국어 분석

문장

나는 방에서 공부합니다.

형태소 분해

나 / 는 / 방 / 에서 / 공부 / 하 / ㅂ니다

· 나: 대명사.

· 는: 조사.

· 방: 명사.

· 에서: 조사.

· 공부: 명사.

· 하: 접미사(동사 파생).

· ㅂ니다: 어미(종결, 높임).

이처럼 문장이나 단어를 형태소 단위로 쪼개어 보면, 각 요소가 실질적인 의미를 담당하는지, 아니면 문법적인 기능을 담당하는지를 알 수 있다. 신어와 유행어는 주로 실질적인 의미를 가진 형태소끼리 결합하거나(합성), 문법 형태소를 파격적으로 변형시킴(파생/전성)으로써 탄생한다.

2. 어휘의 뿌리와 줄기: 어근, 어간, 그리고 어기

형태소 분석에서 학습자들이 가장 혼란스러워하는 개념이 바로 어근(語根), 어간(語幹), 어기(語基)의 구분이다. 이 세 용어는 비슷해 보이지만, 언어학적으로 각기 다른 층위와 기능을 지칭한다. 특히 일본어와 한국어 문법, 그리고 영어의 형태론에서 이 용어들이 사용되는 맥락을 이해하는 것은 신어의 구조를 파악하는 데 필수적이다.

어근(語根, Root): 의미의 핵(Core)

어근은 단어에서 실질적인 의미의 중심이 되는, 더 이상 쪼갤 수 없는 가장 핵심적인 부분이다. 접사(Prefix/Suffix)나 활용 어미를 모두 제거하고 남은, 의미의 알맹이 그 자체를 말한다. 모든 단어는 최소한 하나의 어근을 가지고 있다.

- 자립형 어근: りんご(사과, 링고[*ringo*]), 海(바다, 우미[*umi*]), 春(봄, 하루[*haru*]) 등은 그 자체로 어근이자 하나의 단어이다. 더 이상 쪼갤 수 없으며, 단독으로 의미를 가진다. 한국어의 '하늘', '땅'도 마찬가지다.
- 비자립형 어근: 활용하는 용언(동사, 형용사)의 경우, 어근은 활용 어미를 제외한 부분이 된다. 예를 들어 食べる(먹다, 타베루[*taberu*])에서 食べ(타베)는 의미의 중심을 담고 있다. 물론 엄밀한 형태론적 분석에서는 Tab-

을 어근으로 보고 -e를 테마 모음으로 보기도 하지만, 일본어 교육 문법
에서는 편의상 한자 부분이 포함된 의미 단위를 어근적 요소로 취급한다.

- 파생어의 예: 한국어 '사랑스럽다'에서 '사랑'이 어근이다. '스럽다'는 접
미사다. 일본어 高さ(높이, 타카사[*takasa*])에서 高(타카)가 어근이다. さ(사)
는 명사화 접미사다.

- 신조어 형성의 의의: 신어 형성 시, 이 '어근'을 추출하여 다른 요소와 결
합하는 '어근 창조' 방식이 자주 사용된다. 예를 들어 さらさら(사라사라,
매끈매끈)에서 さら(사라)라는 어근을 바탕으로 さらりと(사라리토, 산뜻하
게), さらっと(사랏토, 깔끔하게) 등이 파생되는 식이다.

어간(語幹, Stem): 활용의 디딤돌

어간(Stem)은 주로 동사나 형용사처럼 모양이 변하는(활용하는) 단어에서,
굴절 접사(Inflectional affix)가 붙는 줄기 부분을 말한다. 즉, 활용 시 변하지 않
고 고정되어 있는 부분이다.

- 일본어 **예**

食べる(먹다, 타베루[*taberu*])의 경우, 食べない(타베나이, 먹지 않다), 食べ
ます(타베마스, 먹습니다), 食べれば(타베레바, 먹는다면)와 같이 뒤의 어미
가 변하며 활용한다. 이때 변하지 않는 食べ(타베) 부분이 바로 어간이다.

- 한국어 **예**

'먹다'에서 '먹-', '사랑스럽다'에서 '사랑스럽-'이 어간이다. 주의할 점은
'사랑스럽-'은 '사랑(어근)' + '스럽(접사)'가 합쳐져 형성된 어간이라는 점
이다. 즉, 어간은 어근 하나로 이루어질 수도 있고, 어근과 접사가 결합된
형태일 수도 있다.

- 차이점 : 어근은 '의미'의 뿌리이고, 어간은 '활용'의 기준점이다.

어기(語基, Base): 단어 형성의 기반

어기(Base)는 단어 형성의 관점에서 접사(Affix)가 붙을 수 있는 모든 형태를 지칭한다. 어근이나 어간보다 더 포괄적인 개념으로, 파생어나 합성어가 만들어질 때 그 '기초(Base)'가 되는 덩어리를 의미한다.

- 특징: 어기는 단어를 형성할 때 중심부를 이루는 형태소로, 접사 이외의 부분을 가리킨다. 때로는 어간과 동일하게 쓰이기도 하지만, 분석의 층위가 다르다.

㉠ 話し合う(서로 이야기하다, 하나시아우[*hanaɕiau*])라는 복합동사에서, 話し(하나시, 이야기)와 合う(아우, 합쳐지다)는 각각 단어 형성의 베이스가 되는 어기이다. お話し(이야기, 오하나시[*ohanaɕi*])에서 話し는 접두어 お(오)가 붙는 어기이다.

즉, 어근(Root)은 더 이상 쪼갤 수 없는 의미의 원자, 어간(Stem)은 굴절(활용)의 뼈대, 어기(Base)는 파생이나 합성의 재료가 되는 덩어리라고 이해하면 된다. 일본어 신조어 ググる(구구루, 구글링하다)를 보면, ググ(구구 - Google의 줄임)가 어기(Base)가 되고, 여기에 동사화 접미사 る(루)가 붙어 새로운 동사가 형성된 것이다.

신어는 어떻게 만들어지는가? - 일본어 조어법의 7가지 원리

일본어의 신어와 유행어는 무작위로 생성되는 것이 아니다. 기존의 어휘 자원을 재활용하거나 변형시키는 특정한 규칙, 즉 조어법(Word Formation, 造語法)에 따라 만들어진다. 강의 자료와 언어학적 분류에 따르면, 일본어의 신

조어 형성 방식은 크게 7가지(어근 창조, 품사 전성, 생략, 차용, 합성, 파생, 역성)로 나눌 수 있다.

이 7가지 조어법은 크게 '어구성(語構成, Word Construction)'과 '조어법(造語法, Word Formation)'이라는 두 가지 관점에서 설명될 수 있다. 어구성이 "이미 만들어진 단어가 어떤 요소로 이루어져 있는가"를 분석하는 정적인 관점이라면, 조어법은 "새로운 단어를 어떻게 만들어낼 것인가"를 다루는 동적인 관점이다. 신어와 유행어는 바로 이 조어법의 역동성을 보여주는 가장 생생한 현장이다.

1. 창조의 시작: 어근 창조(語根創造)

'어근 창조'는 기존에 없던 새로운 어근을 만들어 내거나, 기존의 어근 혹은 어기에 새로운 요소를 덧붙여 의미를 확장하는 방식이다. 가장 원초적인 형태의 조어법이라 할 수 있으며, 주로 감각적인 표현이나 의성어/의태어에서 많이 나타난다.

- 의성어/의태어의 확장: 일본어는 의성어와 의태어가 매우 발달한 언어다. ころ(코로)라는 '구르는 모양'을 나타내는 어근에서 출발하여, 이를 반복한 ころころ(코로코로, 데굴데굴), 동사화한 ころぶ(코로부, 구르다), 부사화한 ころりと(코로리토, 뚝, 훌쩍) 등으로 파생되는 과정이 이에 해당한다.
- 최신 신조어 사례: もふもふ(모후모후[*mohumohu*])는 동물의 털이나 담요 등이 부드럽고 푹신한 모양을 나타내는 신조어적 의태어이다. 이것이 명사화되어 "우리 집 고양이의 모후모후가 최고야(우리 집 고양이의 털 감촉이 최고야)"와 같이 쓰이거나, モフる(모후루 - 부드러운 털을 만지며 힐링

하다)와 같이 동사화되기도 한다. 이는 감각적인 어근을 창조하고 이를 기반으로 어휘를 확장해 나가는 일본어 특유의 조어 방식이다.

2. 품사의 변주: 품사 전성(品詞転成)

'품사 전성'은 단어의 형태는 그대로 둔 채, 문법적인 기능(품사)만 바꾸는 방법이다. 또는 활용형의 일부를 고정시켜 명사처럼 사용하는 경우도 포함된다.

동사 → 명사

- 일본어 동사의 연용형(ます形/마스형, ~하기)은 명사로 전성되기 쉽다. 回る(돌다, 마와루[mawaru])의 연용형 回り(마와리, 돌기/돎)를 명사로 사용하여 '회전', '주변'이라는 뜻으로 쓴다.
- 신조어 사례

오시(推し): 최근 아이돌 팬덤 문화에서 가장 핫한 단어인 推し(오시[oʃi])가 대표적이다. 원래는 推す(밀다/추천하다, 오스[osu])라는 동사였으나, 연용형 推し가 명사화되어 '자신이 지지하고 응원하는 멤버(최애)'를 뜻하는 단어로 정착했다. "오시가 존귀하다(推しが尊い)"와 같은 표현에서 推し는 완벽한 명사로 기능한다.

형용사 → 명사

- 美しい(아름답다, 우츠쿠시이[utsukuʃii])에 さ(사)를 붙여 美しさ(아름다움, 우츠쿠시사)를 만드는 것은 접미사에 의한 파생이지만, やばい(야바이)와 같은 형용사가 감탄사로 전성되어 쓰이는 경우도 넓은 의미의 품사 전성

혹은 용법의 전용으로 볼 수 있다. 한국어의 '예쁘다'가 명사 '예쁨'이 되는 것과 유사하다.

3. 효율성의 미학: 생략(省略)과 축약

현대 일본어, 특히 젊은 세대의 언어(若者言葉)에서 가장 두드러지는 특징은 바로 '생략'이다. 긴 단어를 짧게 줄여서 발음하기 편하게 만들고, 리듬감을 부여한다. 일본어에서는 안정적인 운율을 위해 4음절로 줄이는 경향이 강하다.

외래어의 축약

- アルバイト(아르바이트):
  독일어 Arbeit에서 온 이 말은 너무 길어서 バイト(바이트/알바, 바이토 [baito])로 줄여 쓴다. 한국어의 '알바'와 정확히 대응된다.
- スマートフォン(스마트폰):
  スマホ(스마호[*sumaho*])로 축약된다. (Smart + Phone)
- リモートコントロール(리모트 컨트롤):
  リモコン(리모콘[*rimokon*])이 된다.

복합어의 축약

- 原子力発電所(원자력발전소) → 原発(원전, 겐파츠[*gempatsu*])
- 明けましておめでとう(새해 복 많이 받으세요) → あけおめ(아케오메 [*akeome*])
- スターバックス(스타벅스) → スタバ(스타바[*sutaba*])

한국어에서도 '아르바이트'를 '알바'로, '원자력발전소'를 '원전'으로, 생일 선물을 '생선'처럼 줄이는 현상이 있다. 이는 정보 전달의 속도를 높이고 경제성을 추구하는 현대인의 언어 습관을 반영한다. 특히 リモコン(리모 콘) 그리고 セクハラ(성희롱, 세쿠하라[*sekuhara*]/Sexual Harassment)와 같은 4음절 축약어는 일본어 운율 구조의 안정성을 추구하는 무의식적인 기제 이다.

4. 문화의 수용: 차용(借用)과 의미의 변용

'차용'은 다른 언어에서 단어를 빌려와 자국어의 어휘 체계에 편입시키는 것이다. 일본어는 가타카나라는 표기 수단을 통해 이를 매우 적극적으로 수 행한다. 중요한 것은 단순히 빌려오는 것을 넘어, 일본식으로 의미를 변용시 킨다는 점이다.

의미의 특화

영어 'Animation'을 차용하여 アニメ(아니메[anime])라는 단어를 만들었 다. 그런데 이 アニメ는 서구권에서 말하는 단순한 'Animation'이 아니라, ' 일본 스타일의 애니메이션'이라는 특화된 의미를 갖게 되어 전 세계로 역수 출되었다. 'Mansion'은 영어권에서는 '대저택'을 의미하지만, 일본어 マンシ ョン(만숀[*manson*])은 '콘도미니엄(한국의 아파트)'을 뜻하는 공동 주거 형태로 의미가 축소/변형되었다.

한국어의 유입

최근 한류의 영향으로 オッパ(오빠, 웃파[oppa]), チンチャ(진짜, 친차

[*tɕintɕa*]), モッパン(먹방, 못판[*moppaɴ*]) 등의 한국어가 차용되어 일본 젊은이들의 일상어로 자리 잡고 있다. 이는 단순한 외국어가 아니라, 문화적 뉘앙스를 공유하는 신조어(차용어)로서 기능한다.

5. 결합의 힘: 복합어(複合語)와 합성

두 개 이상의 단어를 결합하여 하나의 새로운 단어를 만드는 '합성(合成)'은 가장 생산적인 조어법 중 하나이다. 결합 방식에 따라 다양한 의미 관계를 형성한다.

병렬 관계

白黒(흑백, 시로쿠로[*ɕirokɯro*]), 手足(손발, 테아시[*teaɕi*]), 兄弟(형제, 쿄다이[*kioːdai*])처럼 대등한 단어를 나열한다. 한국어는 '흑백'인데 일본어는 '백흑(시로쿠로)'인 것처럼 어순이 반대인 경우가 있어 흥미롭다.

수식 관계 (통어 구조)

山登り(등산, 야마노보리[*jamanobori*])는 '산(목적어)' + '오르기(서술어)'의 구조를 가진다. 草木(식물, 쿠사키[*kɯsaki*])는 '풀'과 '나무'의 결합이다.

하이브리드 합성

· 写メ(샤메[*ɕame*]):

写メール(사진 메일)의 약자로, 写真(사진 - 한자어) + メール(메일 - 외래어)가 결합된 뒤 축약된 형태다

· イケボ(이케보[*ikebo*]

イケメン(이케멘, 잘생긴 남자) + ボイス(보이스, Voice)가 합쳐져 '잘생긴 목소리'를 뜻한다. '이케멘' 역시 イケてる(잘나가는) + 面(멘, 얼굴/Men)

의 합성어이다.

6. 의미의 확장: 파생어(派生語)와 접사

'파생'은 어근에 접두사(Prefix)나 접미사(Suffix)를 붙여 새로운 단어를 만드는 것이다.

접두사 파생

超(초, 쵸)는 본래 '뛰어난'이라는 뜻이지만, 신어에서는 '매우'라는 강조의 뜻으로 쓰인다. 超美味しい(완전 맛있다, 쵸오이시이). 非(비)를 붙여 非常識(비상식, 히조시키)를 만드는 것도 이에 해당한다.

접미사 파생

~さ(~사)를 붙여 형용사를 명사화(高さ - 높이)하거나, ~み(~미)를 붙여 상태나 맛을 나타내는 명사(深み, 깊이/깊은 맛)를 만든다.

신조어 트렌드 :
최근에는 ~み를 본래의 문법 규칙에 어긋나게 남용하여 わかりみが深い (와카리미가 후카이, 이해됨이 깊다 -> 완전 공감한다)나 やばみ(야바미, 대박임/ 위험함)와 같은 신조어를 만드는 것이 유행이다.

7. 문법의 재해석: 역성(逆成)과 언어유희

'역성'은 신조어 형성의 가장 창의적이고 흥미로운 방식이다. 원래는 파생어가 아니거나 복합어가 아닌 단어를, 마치 특정 접사가 붙어 만들어진 것처럼 잘못 분석(재분석)한 뒤, 그 접사를 떼어내거나 교체하여 새로운 단어를 만

들어내는 것이다. 혹은 언어유희를 위해 일부러 어형을 변형시키는 경우도
포함한다.

트러블(Trouble)의 변신

영어 'Trouble'은 일본어로 トラブル(토라부루[*toraburu*])이다. 명사이다.
그런데 이 단어의 끝부분 る(루)가 일본어 동사의 기본형 어미(예: 食べる, 見
る)와 똑같이 생겼다. 이에 착안하여 일본인들은 トラブル를 동사처럼 활용하
기 시작했다.

- トラブる(토라부루): (동사) 문제를 일으키다, 트러블이 생기다.
- トラブっている(토라붓테이루): (현재진행형) 지금 문제가 생겼다. 이는 명
  사의 일부를 동사 어미로 오인(혹은 의도적 오인)하여 새로운 품사를 창조
  해 낸 역성의 대표적인 사례다.

KFC를 동사로? - 토리루(トリる)

한국의 치킨 문화와는 다르게 일본에서는 'KFC(켄터키 프라이드 치킨)'가
치킨의 대명사다. 닭을 뜻하는 トリ(토리[*tori*])에 동사화 접미사 る(루)를 붙
여 トリる(토리루[*toriru*])라고 하면, "닭이 되다"가 아니라 "KFC에 가서 치킨
을 먹다"라는 뜻의 은어가 된다. 여고생들이 "오늘 토리루?"라고 하면 "오늘
KFC 갈래?"라는 뜻이 된다.

- 분석: 이는 엄밀히 말하면 역성이라기보다는 '명사 + る' 형태의 동사 파
  생에 가깝다. 그러나 トラブル(토라부루)의 사례처럼 る로 끝나는 명사를
  동사로 재해석하는 심리적 기제와 맞닿아 있다. 유사한 예로 タピる(타피
  루 - 타피오카 마시다), スタバる(스타바루 - 스타벅스 가다)가 있다. 이는 명
  사에 る를 붙여 동사화 하는, 현대 일본어의 매우 생산적인 조어법이다.

언어 변화의 동력: 왜 말은 변하는가?

언어는 왜 변하는가? 단순히 시간이 흘러서가 아니다. 언어 변화의 배후에는 그 시대를 관통하는 거대한 동력들이 작동하고 있다. 언어 변화의 요인을 크게 다섯 가지(살아있음, 지리적 영향, 사회/기술 혁신, 문화 요소, 심리적 요인)로 설명하고 있다.

1. 살아있는 언어의 생명력

언어가 변화한다는 것은 그 언어가 살아있다는 증거다. 라틴어나 산스크리트어처럼 더 이상 모국어로 쓰이지 않는 사어(死語)는 변하지 않는다. 일본어와 한국어는 지금 이 순간에도 수 많은 사람들이 사용하며, 그들의 생각과 감정을 담아내기 위해 끊임없이 꿈틀대고 있다. 젊은 세대가 끊임없이 새로운 말을 만들어내는 것은 기성세대의 언어로는 자신들의 새로운 감각을 온전히 표현할 수 없기 때문이다. 따라서 신어의 탄생은 언어의 '타락'이 아니라 '진화'이자 '적응'의 과정이다.

2. 지리적 경계와 방언의 역습

과거에는 산맥과 강이라는 지리적 장벽이 언어의 차이(방언)를 만들었다. '바보'를 뜻하는 단어가 도쿄를 중심으로 한 관동 지방에서는 バカ(바카[baka])이고, 오사카를 중심으로 한 관서 지방에서는 アホ(아호[aho])인 것은 잘 알려진 사실이다.

흥미로운 점은 이 두 단어에 대한 사람들의 인식이다. 도쿄 사람은 アホ(아호)라고 불리면 심각하게 기분 나빠하지만 バカ(바카)라고 불리면 가벼운 농담으로 받아들이는 경향이 있다. 반대로 오사카 사람은 バカ(바카)라고 불리면 화를 내지만 アホ(아호)는 친근감의 표현으로 여긴다. 이러한 미묘한 뉘앙스의 차이는 단순한 어휘의 차이를 넘어 문화적 차이를 반영한다.

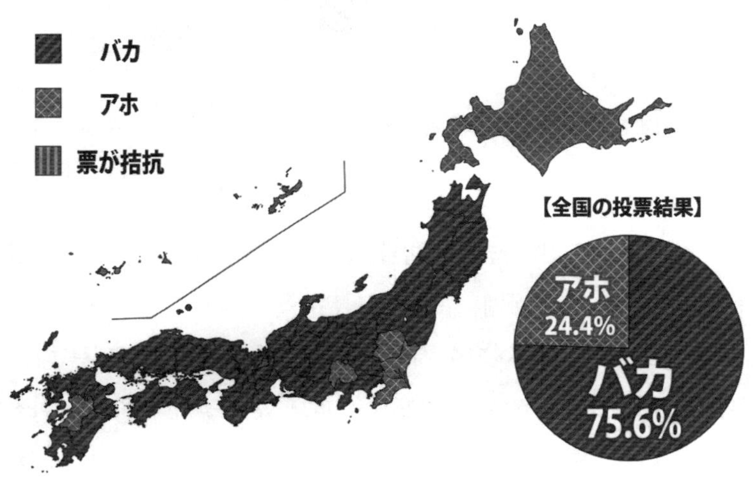

그림 바카(バカ)와 아호(アホ), 어느 쪽이 더 기분 나쁜가요?

반창고(絆創膏, 반소코)를 부르는 명칭이 지역마다 '사비오(サビオ, 홋카이도)', '리바테이프(リバテープ, 규슈)', '반도에이도(バンドエイド, 관동)' 등으로 나뉘는 현상은 상표명이 일반 명사화되는 과정과 지역적 유통망의 차이가 언어에 반영된 흥미로운 사례다. 따라서 많은 한국인들이 일회용 반창고를 브랜드명인 대일밴드 혹은 밴드에이드라고 부르는 것 또한 결코 이상한 일은 아닐 것이다.

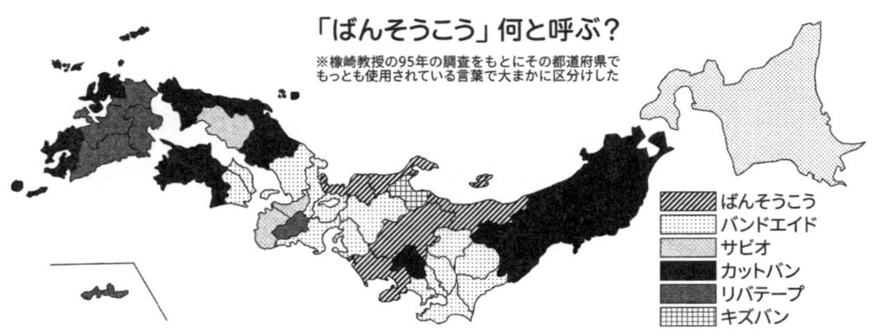

그림 일회용 반창고를 뭐라고 부르나요? - 일본의 일회용 반창고 지도 (순서대로, 반소코, 반도에이도, 사비오, 캇토반, 리바테프, 기즈반)

그런데 최근에는 TV와 인터넷의 발달로 지역의 경계가 허물어지면서 상호 침투가 일어나고 있다. 이제는 도쿄의 젊은이들도 오사카 방언인 めっちゃ(멧챠[metʨa], 엄청)를 표준어처럼 사용한다. 지리적 요인이 약화되는 대신, 미디어와 네트워크가 새로운 언어 지도를 그리고 있는 것이다. 따라서 아직 먼 이야기 일 수도 있겠지만, 언젠가 바카(バカ)와 아호(アホ) 그리고 일회용 반창고 지도는 언젠가 과거의 유물이 될 지도 모른다.

3. 기술의 진보와 사어(死語)의 탄생

기술의 발달은 새로운 단어를 낳기도 하지만, 기존의 단어를 죽이기도 한다. 전화벨 소리를 나타내는 의성어 リンリン(따르릉, 링링[riŋriŋ])은 스마트폰 시대가 도래하면서 진동이나 전자음으로 대체되었고, 거의 사어(死語)가 되었다. 요즘 아이들에게 전화받는 제스처를 해보라고 하면, 기성세대처럼 주먹을 쥐고 엄지와 새끼손가락을 펴는 시늉(수화기 모양)을 하지 않고, 손바닥을 평평하게 펴서 귀에 대는 시늉(스마트폰 모양)을 한다. 이는 기술적 환경의 변화가 언어와 비언어적 소통 방식인 '제스처'까지 변화시킨다는 것을 보여준다.

4. 문화 콘텐츠와 캐릭터 언어

특정 시기의 문화적 트렌드, 특히 애니메이션이나 만화와 같은 대중문화 콘텐츠는 신어 생성의 강력한 진원지다. '츤데레(ツンデレ[*tsundere*])'가 대표적이다.

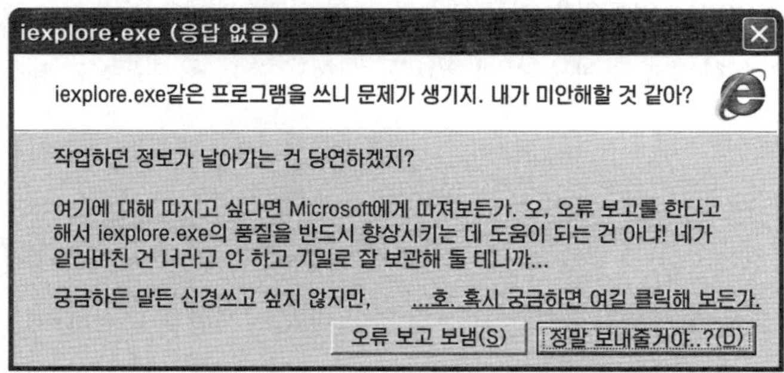

그림 츤데레(ツンデレ)스러운 윈도 오류 메세지

평소에는 쌀쌀맞게(ツンツン, 츤츤) 대하지만, 결정적인 순간에는 부끄러워하며(デレデレ, 데레데레) 애정을 표현하는 인물 유형을 가리키는 이 말은, 처음에는 오타쿠 용어였으나 이제는 일반 대중에게까지 퍼져 사람의 성격을 묘사하는 일반 형용사처럼 쓰인다. 이는 대중문화 콘텐츠가 사회 구성원들의 인지의 틀을 바꾸고, 새로운 감정을 이름짓는 언어적 권력을 행사하고 있음을 보여준다.

변화하는 언어 속에서 읽는 일본 사회

제3장에서는 일본어의 단어와 어휘의 구조를 살펴보고, 다양한 조어법을 통해 신어와 유행어가 탄생하는 구조를 분석했다. '어근 창조'부터 '역성'에 이르는 7가지 조어법은 일본어의 유연성과 창의성을 보여주는 증거다. 또한 지리적, 기술적, 문화적 요인이 어떻게 언어의 생성과 소멸을 추동하는지를 확인했다.

일례로 KFC를 'トリル(토리루)'로 축약하거나 트러블을 'トラブる(토라부루)'처럼 동사화하는 현상을 단순히 언어 파괴로 치부해서는 안 된다. 이는 언어라는 도구를 활용해 효율과 재미를 추구하고 세대의 정체성을 확립하려는, 지극히 능동적인 문화 창조의 일환이기 때문이다. 결국 언어는 시대를 비추는 거울이기에, 우리는 이를 통해 일본 사회의 끊임없는 변화와 미래를 읽어낼 수 있게 된다.

<일본어 주요 조어법 정리>

조어법(造語法)	정의 및 특징	대표 예시(한국어 의미)
어근 창조	새로운 어근 생성, 의성/의태어 기반	ころころ(코로코로, 데굴데굴), もふもふ(모후모후, 복슬복슬)
품사 전성	형태 변화 없이 품사만 변경	回り(마와리, 주변) 推し(오시, 최애/동사→명사),
생략/축약	긴 단어를 줄임 (주로 4모라)	スマホ(스마호, 스마트폰), バイト(바이토, 아르바이트), 原発(원전)
차용	외래어를 도입하여 의미 변용	アニメ(아니메, 일본 애니메이션), マンション(만숀, 아파트), オッパ(오빠)
합성	두 단어 이상 결합	イケボ(이케보, 잘생긴 목소리), 山登り(야마노보리, 등산), 写メ(샤메, 사진메일)
파생	접두사/접미사 결합	超美味しい(초오이시이, 완전 맛있다), 高さ(다카사, 높이), わかりみ(와카리미, 이해됨/공감)
역성	문법적 재해석으로 새 단어 형성	トラブる(문제 생기다), トリる(도리루, KFC에 가다) タピる(타피루, 타피오카 먹다)

이어지는 제4장 일본의 인터넷 문화와 신조어·유행어에서는 이러한 변화가 디지털 네트워크라는 가상공간에서 어떻게 폭발적으로 증폭되고 있는지, '인터넷 용어'와 '입력어'의 세계를 본격적으로 탐구해 보도록 하자.

제4장

일본의 인터넷 문화와 신조어·유행어

디지털 네트워크와 언어의 지각 변동

현대 사회에서 언어는 더 이상 고정된 활자 속에 머물지 않는다. 정보통신 기술(ICT)의 비약적인 발전과 인터넷의 보급은 인류의 커뮤니케이션 양식을 근본적으로 뒤흔들었으며, 이 과정에서 언어는 실시간으로 생성되고, 변이하며, 소멸하는 역동적인 생명체와 같은 특성을 띠게 되었다. 특히 일본어는 한자(漢字, 간지[*kaɲdʑi*]), 히라가나(平仮名, 히라가나[*çiragana*]), 가타카나(片仮名, 가타카나[*katakana*]), 그리고 로마자(ローマ字, 로마지[*roːmadʑi*])라는 네 가지 문자 체계를 혼용하는 복잡한 표기 시스템을 가지고 있다. 이러한 독특한 언어적 토양은 디지털 기기의 입력 방식(Input Method Editor, IME)과 결합하여 세계 어디에서도 찾아볼 수 없는 고유한 인터넷 언어문화를 형성하게 되었다.

본 장에서는 일본의 인터넷 문화가 어떻게 신조어와 유행어의 산실이 되었는지를 알아보고자 한다. 우리는 단순히 유행하는 단어들의 목록을 나열하는 것을 넘어, 기술적 제약이 어떻게 창의적인 언어유희로 승화되었는지, 폐쇄적인 커뮤니티의 은어가 어떻게 사회적 공감대를 얻어 대중 언어로 확장되었는지, 그리고 그 이면에 도사린 사회적 갈등과 혐오의 정서는 무엇인지 탐구할 것이다. '네트워크 용어(ネット用語, 넷토 요고[*netto joːgo*])'라고 불리는 이 새로운 언어 체계는 일본의 젊은 세대와 대중문화를 이해하는 가장 중요한 키워드이자, 변화하는 일본 사회의 축소판이다.

네트워크 용어의 개념과 사회적 위상

1. 인터넷 용어와 네트워크 용어의 재정의

한국에서는 온라인상에서 사용되는 언어를 통칭하여 '인터넷 용어'라고 부르는 경향이 있다. 그러나 일본의 사회언어학적 분류와 대중문화 담론에서는 이를 보다 포괄적인 개념인 네트워크 용어(ネット用語)로 정의한다. 이는 인터넷이라는 특정 기술 표준이 보급되기 이전, 1980년대 후반부터 존재했던 'PC 통신(パソコン通信, 파소콘 츠신[*pasokon tsuːɕiɴ*])' 시대의 언어적 유산을 포괄하기 위함이다.

<네트워크 용어의 분류>

조어법(造語法)	정의 및 특징	대표 예시(한국어 의미)
PC 통신 용어 (パソ通用語, 파소츠 요고)	인터넷 문화 용어 (ネット文化用語)	ROM(눈팅), DOM(다운로더), ミカカ(미카카, NTT)
인터넷 기술 용어 (インターネット用語)	네트워크 기술과 관련된 전문 용어가 일상어로 전용된 사례.	鯖(사바, 서버), デフォ(데포, 디폴트)
인터넷 문화 용어 (ネット文化用語)	게시판, SNS, 게임 등 온라인 커뮤니티의 문화적 맥락에서 발생한 은어.	w(웃음), JK(여고생) DQN(비상식적 인물), なう(나우, 현재)

당시 PC 통신은 전화 회선을 이용한 폐쇄적인 네트워크였으나, 그곳에서 형성된 텍스트 기반의 소통 방식과 매너, 그리고 독특한 조어법은 이후 개방형 인터넷 시대로 계승되어 현대 일본 인터넷 슬랭의 강력한 뿌리가 되었다. 따라서 위 [표]와 같이 '네트워크 용어'는 하위 범주를 아우르는 상위 개념으로 이해해야 한다.

2 네트워크 용어와 네트워크 속어의 경계

모든 네트워크 용어가 대중적인 '신어'나 '유행어'의 지위를 획득하는 것은 아니다. 특정 커뮤니티 내부의 결속을 다지기 위해 사용되거나, 일반 대중이 이해하기 어려운 난해한 표현들은 네트워크 속어(ネット俗語, 넷토 조쿠고[*netto zokwgo*]) 또는 넷 슬랭(ネットスラング, 넷토 스랑구[*netto swrangw*])으로 구분된다.

이 두 가지를 구분하는 결정적인 기준은 '사회적 공감대'와 '대중적 인지도'다. 특히 2채널(2ちゃんねる, 현 5채널/5ちゃんねる)의 ピザ(피자[*piza*], 피자라도 먹고 있어라 돼지야!)와 같이 익명성에 숨어서 사용하는 타인에 대한 비난, 비하, 매도 등의 의미가 들어 있는 비하어(卑下語, 히게고[*çigego*])와 매도어(罵倒語, 바토고[*bato:go*]) 그리고 차별어(差別語, 사베츠코[*sabetswgo*])와 같은 류의 속어는 특히 사회적인 공감대를 얻기 어렵다.

사회적 공감대를 얻은 경우

예를 들어 JK(女子高生, 조시 코세[*dzoɕi ko:se:*], 여고생)나 KY(空気を読めない, 쿠키오 요메나이, 분위기 파악 못함)와 같은 단어는 2000년대 후반 인터넷과 문자 메시지 문화에서 발생했으나, 이후 TV 방송과 신문 등 레거시 미디어로 전파되면서 기성세대까지 이해하는 보편적인 유행어가 되었다. 이는 단순한 은어를 넘어 시대상을 반영하는 '신어'로 격상된 사례다. 한국 예시로는 알잘딱깔센(알아서 잘 딱 깔끔하고 센스 있게), TIM(Too Much Information, 굳이 알 필요 없는 과도한 정보) 등이 있다.

속어에 머무르는 경우

반면, うp(업로드, 우푸[*wpw*])나 ぬるぽ(누루포[*nwrwpo*], Null Pointer

Exception)와 같은 단어는 여전히 2채널(2ちゃんねる)이나 니코니코 동화(ニコ
ニコ動画)와 같은 특정 플랫폼 이용자들 사이에서만 통용된다. 이러한 단어는
외부인이 들었을 때 그 의미를 직관적으로 파악하기 어려우며, 사용 시 '오타
쿠' 혹은 '넷 폐인'으로 낙인찍힐 수 있는 은어적 성격이 강하다. 한국 예시로
는 커뮤니티 에펨코리아의 거짓을 의미하는 '포도', 일간베스트(일베)의 추천
을 의미하는 'ㅇㅂ' 등을 들 수 있다.

따라서 네트워크 용어는 "기술적 기반 위에서 탄생하여, 특정 커뮤니티의
속어로 시작되어, 사회적 공감의 여과 과정을 거쳐 대중적인 신어 및 유행어
로 진화하거나 특정 커뮤니티 한정 생존 혹은 도태되는 언어군"이라고 정의
할 수 있다.

일본 네트워크 문화의 역사적 진화와 언어의 변천

일본의 네트워크 용어를 깊이 이해하기 위해서는 일본 인터넷 문화의 역
사적 흐름을 파악해야 한다. 각 시대별로 주도적인 플랫폼과 기술적 환경이
달랐으며, 이는 언어의 형태와 성격에 결정적인 영향을 미쳤다.

1. PC 통신 시대 : 파소츠(パソ通)와 은어의 태동
(80년대 후반~90년대 중반)

이 시기는 인터넷이 대중화되기 전, 전용 단말기나 모뎀을 통해 특정 호스

---

* 자바 등의 프로그래밍 중 흔하게 발생하는 예외 오류 중 하나로, 객체가 메모리에 존재하지 않는 상태에서
해당 객체의 기능을 사용하려 할 때 발생한다. 즉, '빈 상자'에 '물건을 꺼내라'고 하거나 '상자' 자체를 조작하
려 할 때 발생하는 오류.

트 컴퓨터에 접속하던 시기다. 이를 일본에서는 '퍼스널 컴퓨터 통신'의 줄임 말인 パソ通(파소츠[*pasotsu*])라고 불렀다. 대표적인 서비스로는 니프티 서브 (NIFTY-Serve)와 PC-VAN이 있었다. 한국의 경우 하이텔, 천리안, 나우누리 등 을 예시로 들 수 있다.

그림 일본의 PC 통신, NIFTY-Serve(니프티 서브, 1987 ~ 2006)

그림 한국의 PC 통신, 하이텔(1986 ~ 2007)

이 시대의 언어는 주로 기술적 지식을 탐닉했던 성인 남성이나 마니아층 에 의해 주도되었다. 당시에는 통신 속도가 느리고 접속 요금이 비쌌기 때문 에, 타수를 줄이고 의미를 압축하는 경제적인 언어 습관이 형성되었는데, 이 시기에 탄생한 많은 용어들은 이후 인터넷 시대로 그대로 이식되었다.

- ROM(Read Only Member)

커뮤니티 등의 게시판에 글을 쓰지 않고 읽기만 하는 회원을 뜻한다. 한국어의 '눈팅족'에 해당한다. 본래 컴퓨터 메모리 용어에서 차용된 것으로, 소극적인 참여자를 지칭하는 중립적인 표현이었으나, 때로는 "글도 안 쓰면서 불평만 한다"는 비판적 뉘앙스로 쓰이기도 했다.

- DOM(Download Only Member)

자료실에서 파일만 다운로드하고 업로드나 커뮤니티 활동은 하지 않는 '다운족'을 의미한다. 이는 공유와 기여를 중시하는 초기 해커 문화의 윤리 의식을 반영한다.

- *みかか*(미카카[*mikaka*])

당시 일본 통신망을 독점하던 기업의 이름, NTT를 가리키는 은어다. 일본어 키보드(JIS 배열)에서 알파벳 'N', 'T', 'T'에 해당하는 키를 누르면 히라가나 'み(미)', 'か(카)', 'か(카)'가 입력되는 것에서 유래했다. 기업명을 직접 언급했을 때 발생할 수 있는 검열이나 검색을 피하기 위한 초기의 은어 기법이다. 한국의 에브리타임과 같은 커뮤니티에서 교수의 이름을 초성으로 부르는 은어 기법과도 유사하다.

- **波動用語**(하도 요고[*hado: jo:go*])

PC 통신 시대에 사용되던 특유의 유행어나 말투를 일컫는 말로, 특정 커뮤니티의 분위기(파동)를 탄다는 의미에서 유래했다.

2. 인터넷 게시판의 폭발 : 2채널의 등장(1999년 ~ 2000년대)

1999년 개설된 익명 게시판 2채널(2ちゃんねる, 니찬네루[*nitɕannerɯ*])은 일본 인터넷 문화의 지형을 완전히 뒤바꾸어 놓았다. 실명 기반의 PC 통신과 달리, 철저한 익명성을 보장한 2채널은 사용자들이 사회적 체면(建前, 타테마에)을 벗어던지고 본심(本音, 혼네)을 거침없이 드러내는 해방구가 되었다.

이곳에서 일본 인터넷 슬랭의 대다수가 탄생했다. 2채널 용어는 니찬네루 용어(2ちゃんねる用語, 니찬네루 요고[*nitɕannerɯ joːgo*])라고 불리며, 공격적이고 냉소적이며 자조적인 특징을 가진다.

- DQN(도쿤 [*dokjɯɴ*])

'비상식적이고 지능이 낮으며 품행이 방정맞은 사람'을 가리키는 멸칭이다. 1994년부터 2002년까지 방영된 TV 아사히의 프로그램 "목격! 도쿤(目撃!ドキュン)"에서 유래했다. 이 프로그램에 출연한 일반인들이 주로 전직 폭주족이나 양키(ヤンキー, 불량 청소년) 출신으로 파란만장한 삶을 사는 경우가 많았는데, 프로그램 제목의 '도쿤(탕, 총의 발사음의 의성어)'이 이들을 지칭하는 대명사가 되어버렸다. 오늘날에는 '무개념 부모(DQN 부모)'나 '괴상한 이름(DQN 이름)' 등으로 의미가 확장되었다. 한국의 TV 프로그램에서 유래한 '금쪽이'와 유사하다고도 볼 수 있다.

- メシウマ(메시우마[*meɕiɯma*])

"타인의 불행으로 밥이 맛있다(他人の不幸で飯がうまい, 타닌노 후코데 메시가 우마이)"를 줄인 말이다. 한국의 "배가 아프다"와 반대되는 개념으로, 타인의 실패나 몰락을 보며 느끼는 뒤틀린 쾌감을 표현한다.

- オワコン(오와콘[owakon])

'終わったコンテンツ(오왓타 콘텐츠)'의 약어로, 한때 인기가 있었으나 지금은 유행이 지나거나 팬들이 떠난 애니메이션, 게임, 혹은 인물을 조롱할 때 사용한다.

- ゆとり(유토리[jutori])

본래 '여유'를 뜻하지만, 인터넷상에서는 2002년부터 시행된 '유토리 교육(여유 교육)'을 받은 세대를 비하하는 말로 쓰인다. 학력 저하, 경쟁력 부족, 눈치 없음 등을 빗대어 "너 유토리냐?"라고 묻는 것은 "너 바보냐?"와 동의어로 통용된다.

3. 모바일 혁명과 갸루(Gal) 문화의 융합(90년대 후반 ~ 2000년대)

PC 중심의 2채널 문화가 남성적이고 마니아적이었다면, 1990년대 후반부터는 여고생(JK)을 중심으로 한 갸루(ギャル, 갸루[gjaru])들이 모바일 기기를 통해 독자적인 언어문화를 형성했다. 이를 갸루어(ギャル語, 갸루고[gjarugo])라고 한다.

이들은 삐삐(Pocket Bell)와 초기 피처폰(스마트폰이 아닌 휴대전화)의 문자 입력 시스템이 가진 불편함을 창의적으로 극복하거나, 오히려 그 복잡함을 유희의 수단으로 삼았다.

- ギャル文字(갸루 문자, 갸루 모지[gjaru modzi])

문자를 해체하고 재조립하여 암호처럼 만드는 표기법이다. 예를 들어 히라가나 '케(け)'를 レナ로, '노(の)'를 @로, '이(い)'를 (1)로 표기하는 식이다. 이는 기성세대가 자신들의 대화를 엿보지 못하게 하려는 은폐 의도와, 문자를 시

각적으로 귀엽게 꾸미려는 심미적 욕구가 결합된 현상이다.

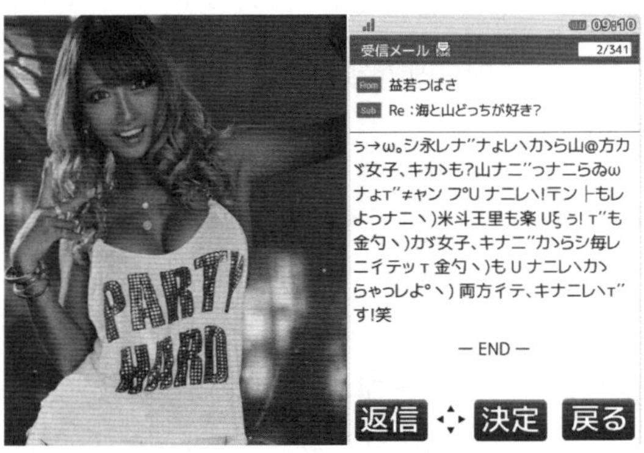

그림 갸루(ギャル)와 갸루어(ギャル語)

- あげぽよ(아게포요[*agepojo*])

기분이 고조된 상태를 뜻하는 '아게(上げ)'에 귀여운 어감의 접미사 '포요(ぽよ)'를 붙인 것. 의미보다 발음의 리듬감과 귀여움을 중시하는 갸루어의 특징을 잘 보여준다.

<상기 그림의 갸루어 핸드폰 메세지에 대한 일본어와 한국어 해석>

From 益若つばさ Sub Re : 海と山どっちが好き？	From 마스와카 츠바사 Sub Re : 바다와 산, 어디가 좋아?
うー。泳げないから山の方が好きかも？ 山だったらみんなでキャンプしたい！ テント張ったり、料理も楽しそう！でも 釣りが好きだから海に行って釣りもした いからやっぱり両方行きたいです！笑	음~. 수영을 못하니까 산이 더 좋을지도? 산이라면 함께 캠프하고 싶어. 텐트를 치거나 요리도 즐거울 것 같아! 그렇지만 낚시를 좋 아해서 바다에 가서 낚시도 하고 싶으니까 둘 다 가고 싶어요. ㅋㅋ

4. 스마트폰과 SNS 시대 (2010년대 ~ 현재)

아이폰 등 스마트폰의 도입과 X(구 트위터(Twitter)), 인스타그램(Instagram), 라인(LINE) 등 SNS의 보급은 인터넷 용어를 더욱 짧고, 감각적이며, 이미지 중심적으로 변화시켰다.

- バズる(바즈루[*bazuru*])

영어 'Buzz'에 일본어 동사화 접미사 '루(る)'를 붙인 말로, SNS에서 단기간에 폭발적인 화제가 되거나 확산되는 현상을 뜻한다.

- インスタ映え(인스타바에[*insutabae*])

'인스타그램(Instagram)'과 '돋보이다(映える, 하에루)'의 합성어다. 사진이 예쁘게 잘 나와서 인스타그램에 올리기 좋은 상태, 혹은 그런 장소나 음식을 의미한다. 보여주기식 소비문화를 상징하는 단어이기도 하다.

- それな(소레나 [*sorena*])

"それはそうだね(소레와 소다네, 그거야 그렇지)"를 줄인 말로, 상대방의 말에 깊이 공감하거나 동의할 때 사용한다. X(구 트위터)의 '리트윗'이나 '좋아요'와 같은 가벼운 공감 문화를 언어화한 것으로 한국어의 'ㅇㅇ'과 유사하다.

기술적 제약과 창의성: 일본어 입력 시스템(IME)과 조어법

일본의 인터넷 신조어는 단순히 새로운 단어를 만드는 것이 아니라, 디지털 기기에서의 입력 방식(Typing)과 밀접하게 연관되어 있다. 예를 들어, 일본어에서 '漢字'라고 입력하려면 그 발음을 로마자로 입력한 후(k-a-n-j-i), 이를 가나(かんじ, 칸지)로 바꾸고, 다시 한자인 漢字(칸지)로 변환하는 복잡한 과정을 거친다. 이 과정에서 발생하는 오류와 불편함이 역설적으로 창의적인 신조어의 원천이 되었다.

1. 오변환(誤変換)의 미학: 실수를 유희로

일본어 IME는 수많은 동음이의어를 변환 후보로 제시한다. 사용자가 급하게 입력하다가 잘못된 한자를 선택하는 '오변환(오타)'은 본래 의미와 전혀 다른 엉뚱한 문장을 만들어내는데, 네티즌들은 이를 수정하는 대신 그 자체를 즐기며 새로운 은어로 정착시켰다. 그리고 단어의 일부를 생략하거나, 뜻과 상관없이 한자의 음에 맞는 한자를 적당히 끼워 맞춰 표기하는 아테지(当て字 [atedʑi]), 오변환과 반대로 표기된 말을 잘못 읽는 오독 등에 의해서도 일본어의 신어·유행어가 탄생했다.

- 厨房(주방, 츄보[tɕuːboː])

본래 '요리하는 주방'을 뜻하지만, 인터넷상에서는 중학생(中坊, 츄보[tɕuːboː])과 발음이 같다는 점을 이용해, '중학생처럼 유치하고 미성숙한 네티즌'을 비하하는 말로 쓰인다. 초기 IME에서 '중학생(中坊)'보다 '주방(厨房)'이 변환 우선순위가 높았기 때문에 발생한 오타가 굳어진 사례다. 한국의 경우 '관리'의 오타인 '고나리', '제발'의 오타인 '젭라' 등이 오타를 기반으로 발생한 신어에 해당한다.

- 乙(오츠[otsɯ])

온라인 게임이나 게시판에서 "수고하셨습니다"를 뜻하는 오츠카레사마
(お疲れ様, 오츠카레사마)는 입력하기에 너무 길다. 이를 줄여 오츠(おつ)라고
부르다가, 다시 한 번 변환 키를 눌러 입력이 가장 간편한 한 글자 한자인 을
(乙, 오츠)로 대체한 것이다. 모양이 단순하고('Z'와 유사) 입력이 빨라 널리 쓰
이게 되었다.

- 幸(사치[satɕi])

'검색 엔진(Search Engine)'을 줄여서 サーチ(서치, 사치[saːtɕi])라고 부르는
데, 장음을 생략한 サチ를 한자로 변환하면 '행복'을 뜻하는 한자, 다행 행(幸,
사치[satɕi])이 된다. 기계적인 검색 시스템을 감성적인 '행복'이라는 글자로 표
현하게 된 아이러니가 유머로 받아들여져 정착되었다.

- 姜維(강유, 쿄이[kjoːi])와 생강(生姜, 쇼가[ɕoːga])

삼국지의 인물 '강유'는 IME 사전에 등록되어 있지 않아 한 번에 변환되
지 않는다. 그래서 이를 입력하기 위해 유저들은 '생강(生姜)'을 입력한 후 '생
(生)'을 지우고, '섬유(繊維)'를 입력한 후 '섬(繊)'을 지워 '강유(姜維)'를 조합해
냈다. 이 과정이 번거로웠기 때문에 아예 삼국지 커뮤니티에서는 강유를 생
강(生姜)이라고 부르거나, 입력 과정을 암시하는 쇼가센이(生姜繊維)라고 부
르는 은어가 생겨났다.

- 惨事(참사, 산지[sandʑi])

참사(参事)는 본래 '비참한 사건이나 사고'를 뜻하지만, 그 음(音)은 '3차원
(현실)'을 뜻하는 '三次元(3차원, さんじげん[sandʑigeɴ])'의 줄임말 '三次(さん

じ, 산지)'와 같다. 그 결과 현실은 이상적인 2차원(애니메이션·만화) 세계와 달리 현실은 '뜻대로 되지 않고 비참하다'라는 자조적 의미로 三次(3차)을 参事(참사)로 표기한다. '3차원(三次元)'을 입력하려다 'さんじ(산지)'의 오변환이 그대로 정착된 사례로 보기도 한다.

- 既出(기출, 가이슈츠[gaieɯtsɯ])

본래 '이미 발표되거나 나타남'을 뜻하며 '키슈츠([kieɯtsɯ])'로 읽는 것이 정확하다. 그러나 한자 '이미 기(既)'의 생김새가 '대개 개(概)'와 비슷하여 '가이'로 잘못 읽거나, 어려운 독음을 모르는 네티즌들의 오독이 널리 퍼지면서, 인터넷상에서는 오히려 '가이슈츠'가 '중복 게시물'을 지적하는 표준적인 은어로 굳어졌다.

2. 로마자 입력의 잔재: 키보드의 흔적

일본어 입력을 위해 로마자를 타이핑하다가 변환 과정을 생략하거나 실수로 남겨진 알파벳이 그대로 신조어가 되는 경우다.

- うp(우푸[ɯpɯ])

파일을 '업로드(upload, アップロード[appɯroːdo])'한다는 뜻이다. 일본어 입력 모드에서 영어 단어 'up'을 치면, 앞의 'u'는 모음 'u(우)'로 인식되어 히라가나 'う'로 변환되지만, 뒤의 'p'는 모음이 없어 변환되지 않고 알파벳 'p'로 남는다. 그 결과 うp(우푸)라는 기묘한 혼종어가 탄생했고, 이것이 '업로드'를 뜻하는 대표적인 인터넷 용어가 되었다. 파생어로는 업로더를 뜻하는 うp主(우푸누시)가 있다.

- w(와라[*wara*])

'笑い(웃음, 와라이[*warai*])'의 로마자 표기 'warai'의 머리 문자 'w'에서 유래했다. 한국의 'ㅋㅋㅋ'나 미국의 'lol'에 해당한다. 웃음이 터질 때 'wwwww'와 같이 연타하는데, 이 모양이 마치 땅에서 풀(Grass)이 자라난 것처럼 보인다 하여 이를 草(풀, 쿠사[*kusa*])라고 쓰거나, "草生える(풀이 자란다, 쿠사 하에루)"라고 표현한다. 이는 텍스트가 시각적 이미지(이모티콘)로 진화한 흥미로운 사례다.

- イマゲ(이마게[*image*])

영어 단어 'Image'를 일본어 외래어 표기인 '이미지(イメージ, 이메지)'로 쓰지 않고, 알파벳 철자 그대로 로마자 읽기 방식으로 읽어 이마게라고 표기하는 것이다. 이는 영어 철자를 억지로 일본식으로 읽는 유머러스한 태도에서 비롯되었다. 유사한 예로 한국에서 MLB를 '메이저리그'가 아닌 '믈브'로, HDMI를 '흐드미'로 읽는 것과 같다.

3. 한자 파자(破字)와 배각 문자: 시각적 해체와 재구성

한자를 구성 요소별로 쪼개거나(파자), 시각적으로 비슷한 다른 문자로 대체하는 방식이다.

- ネ申(카미[*kami*])

'신(神, 카미[*kami*])'이라는 글자를 좌변의 보일 시(ネ, 네[*ne*])와 우변의 납신(申, 사루/신[*mo:su*])으로 분리하여 가타카나 '네(ネ)'와 한자 '신(申)'으로 표기한 것이다. '신처럼 대단하다', '갓(God)이다'라는 최상급의 칭찬으로 쓰인다. 글자를 분해함으로써 시각적인 강조 효과를 주며, 일반적인 '신(神)'보다 유머스러운 느낌을 준다.

- タヒね(타히네[tahine])

'죽어라(死ね, 시네[ɕine])'라는 과격한 욕설을 검열이나 필터링을 피하기 위해 분해한 것이다. 한자 죽을 사(死)를 가타카나 타(タ)와 아랫부분의 가타카나 히(ヒ)로 분해하여 タヒ(타히)로 표기한다. 즉, '死ね(죽어라, 시네 [ɕine])'가 'タヒね(타히네)'로 변형된 것이다. 이는 검열 회피 목적과 동시에, 욕설의 직접적인 충격을 시각적으로 완화하려는 심리가 반영되어 있다. 한국에서도 욕설의 자음과 모음을 일부러 분리하여 입력하는 것을 통해 게시판의 검열과 금지어를 회피하고자 하는 시도가 있다.

- 升(되·홉, 마스[masɯ])

게임에서 부정행위를 뜻하는 '치트(Cheat, チート[tɕi:to])'를 줄여서 チト(치토)라고 부르는데, 가타카나 '치(チ)'와 '토(ト)'를 합치면 한자 되 승(升, 마스)과 모양이 매우 흡사하다. 따라서 치트를 쓴다는 의미로 "升(마스)한다"라고 표현한다.

커뮤니티별 은어의 특징과 확산

일본의 인터넷 용어는 출신 커뮤니티에 따라 뚜렷한 방언적 특징을 보인다. 이를 이해하는 것은 해당 용어의 뉘앙스와 사용 맥락을 파악하는 데 필수적이다.

1. 2채널(2ch) 용어: 공격성과 자조

2채널은 일본에서 가장 방대하고 영향력 있는 슬랭의 발원지였다. 앞서 언급한 DQN, 메시우마, 유토리 등이 모두 여기서 나온 것으로, 특히 익명성을 바탕으로 한국이나 중국 등 주변국에 대한 극우적이고 차별적이며 배타적인 용어가 많이 생성되는 곳이기도 했다.

- チョン(촌[tɕoɴ])

한국인을 비하하는 대표적인 멸칭이다. '조선인(朝鮮人, 초센진)'의 약칭이라는 설, 한국인의 성씨에 많은 '전(全, 田)' 등에서 유래했다는 설, 혹은 찍어 누르는 의성어라는 설 등 다양하지만, 명백히 한국인을 멸시하고 혐오하는 의도로 사용된다. 2채널 내의 넷우익(ネット右翼, 넷토 우요쿠)들이 주로 사용하며, 이는 인터넷 공간이 혐오 발언의 확산로가 되고 있음을 보여주는 어두운 단면이다.

- ~ニダ(~니다[nida])

한국어의 종결어미 '~습니다', '~합니다'의 '니다'를 가타카나로 표기한 것이다. 한국인을 희화화하거나 한국인의 주장을 조롱할 때 문장 끝에 붙여 쓴다. 예를 들어, 謝罪を要求するニダ(사과를 요구하는 + 니다)와 같이 사용한다.

2. 니코니코 동화(ニコニコ動画) 용어: 영상과 댓글의 결합

동영상 위에 흐르는 댓글(弾幕, 단마쿠) 기능이 특징인 플랫폼이다.

- 8888(파치파치파치)

박수 치는 소리(パチパチ, 파치파치)를 숫자 8의 발음(하치 -> 파치)에 빗대어 표현한 것이다. 훌륭한 연주나 퍼포먼스에 대한 찬사로 화면을 8로 뒤덮는다.

- うぽつ(우포츠[wpotsw])

'업로드(ぅp) 수고하셨습니다(乙)'를 합친 말이다. 영상 업로더(ぅp主, 우푸누시)에게 감사를 표하는 인사말이다.

3. 인조이 코리아(Enjoy Korea)와 번역기 유머

2000년대 초반 네이버와 NHN 재팬이 운영했던 한일 번역 게시판에서 유래한 독특한 용어들이다. 기계 번역의 오류가 그대로 일본 네티즌 사이에 유행어가 되었다.

- ホルホル(호루호루[horuhoru])

한국 네티즌이 웃음소리로 '헐헐'이나 '홀홀'을 입력했을 때, 당시 번역기가 이를 일본어 가타카나 ホルホル(호루호루)로 오역하여 출력했다. 일본 네티즌들은 이 기묘한 의성어를 보고 "한국인이 자화자찬하거나 득의양양해하며 내는 소리"라고 해석하여, 한국인의 우쭐대는 태도를 비꼬는 멸칭으로 정착시켰다.

진화하는 언어, 그 흐름을 읽다

본 장에서 살펴본 일본의 인터넷 신조어와 유행어는 단순한 말장난이나 은어의 나열이 아니다. 그것은 기술적 환경(일본어 IME의 변환 구조, 스마트폰의 보급), 문화적 배경(오타쿠, 갸루 문화), 그리고 사회적 심리(익명성, 세대 갈등, 혐오)가 복합적으로 얽혀 만들어낸 시대의 산물이다.

키보드의 오타가 '주방(厨房)'이라는 멸칭으로 굳어지고, 알파벳 'w'가 시각적 이미지인 '풀(草)'로 진화하며, 검열을 피하기 위해 한자를 분해하여 '타히네(夕ヒね)'를 만드는 과정은 언어가 디지털 생태계 속에서 어떻게 생존하고 변이하는지를 생생하게 보여준다. 이러한 '입력어(打ち言葉, 우치코토바)'는 구어(話し言葉)나 문어(書き言葉)와는 또 다른 제3의 언어 체계로서, 현대 일본인의 사고방식과 소통 양식을 이해하는 핵심적인 열쇠가 된다.

인터넷 용어는 지금 이 순간에도 끊임없이 태어나고 사라지고 있다. 앞으로 메타버스나 생성형 AI와 같은 새로운 기술이 등장함에 따라, 일본의 네트워크 언어는 또다시 예측할 수 없는 방향으로 진화해 나갈 것이다. 우리는 이러한 변화의 흐름을 주시하며, 그 속에 담긴 인간과 사회의 모습을 끊임없이 탐구해야 할 것이다.

제5장

입력어(打ち言葉)의 탄생

디지털 시대, 제3의 언어 양식의 출현

앞선 장에서는 일본의 인터넷 문화와 그 속에서 파생된 네트워크 용어의 전반적인 흐름을 살펴보았다. 이번 장에서는 네트워크 용어 중에서도 이러한 디지털 커뮤니케이션 환경에서 탄생한 새로운 언어 양식, 즉 '입력어(打ち言葉, 우치코토바[*uteikotoba*])'에 대해 심도 있게 알아보고자 한다.

인류의 커뮤니케이션 역사에 있어 문자의 발명은 혁명적인 사건이었다. 입 밖으로 내뱉는 순간 공기 중으로 흩어져 사라지는 '구어(口語)'를 시공간의 제약에서 해방시킨 '문어(文語)'의 등장은 지식의 축적과 문명의 발달을 가능하게 했다. 그러나 20세기 후반부터 가속화된 정보통신기술(ICT)의 비약적인 발전과 인터넷의 보급은 인류에게 또 다른 언어적 전환점을 가져다주었다. 우리는 이제 말하듯이 글을 쓰고, 글을 통해 실시간으로 대화를 나누는 새로운 소통 방식에 직면하게 되었다.

그런데, 많은 사람들이 이렇게 인터넷상에서 사용되는 언어를 단순히 '인터넷 용어'나 '통신 언어'로 뭉뚱그려 이해하려는 경향이 있다. 하지만 이러한 접근은 디지털 텍스트가 생성되는 근본적인 메커니즘, 즉 '키보드 입력(Typing)'이라는 물리적 행위와 기술적 환경이 언어의 형태와 의미에 미치는 결정적인 영향을 간과할 위험이 있다. 그렇기 때문에 앞서서 인터넷 용어로 알아본 예시를 입력어라는 관점에서 다시 한 번 들여다본다면 새로운 관점을 얻을 수 있게 될 것이다.

'입력어(打ち言葉)'는 전통적인 구어와 문어의 이분법으로는 설명되지 않는 독특한 특성을 지닌다. 이것은 시각적으로는 문자의 형태를 띠고 있어 문

어의 범주에 속하는 듯 보이지만, 그 기능과 존재 방식에 있어서는 실시간성과 현장성을 중시하는 구어의 성격을 강하게 내포하고 있다. 일본의 언어학자들과 문화청(文化庁)은 이러한 새로운 언어 현상을 '우치코토바(打ち言葉)', 즉 '쳐서 만드는 말' 또는 '입력하는 말'로 정의하며, 이를 "구어적 요소를 다분히 포함한 새로운 형태의 문어"로 규정하고 있으며, 한국어로는 이를 입력어(入力語)라고 정의한다.

그러나 유의할 점은 본 장의 목표가 단순히 유행하는 인터넷 신조어를 나열하고 이를 누가 더 많이 암기하는가를 경쟁하는 것이 아니라는 점이다. 대신 이러한 언어들이 '어떻게', 그리고 '왜' 탄생하게 되었는지 그 구조적 원인을 알아보고 앞으로 더욱 더 많이 접하게 될 이와 같은 종류의 언어에 대한 이해력과 적응력을 높이는 데에 더 큰 목적이 있다. 특히 일본어와 한국어라는 두 언어가 가진 고유의 문자 체계와 디지털 입력 시스템(IME)이 어떻게 각기 다른 형태의 입력어를 만들어냈는지 비교 분석함으로써, 기술적 환경이 언어의 진화에 미치는 영향을 규명해 보고자 한다. 이를 통해 독자들은 '크크크'나 'w'와 같은 단순한 자모의 나열이 단순한 언어 파괴가 아닌, 디지털 시대의 새로운 소통 전략임을 이해하게 될 것이다.

입력어의 정의와 위상

---

1. 구어와 문어의 전통적 경계와 한계

입력어의 본질을 이해하기 위해서는 먼저 우리가 당연하게 여겨왔던 '구어'와 '문어'의 차이를 명확히 짚고 넘어갈 필요가 있다. 우선 전통적으로 언어학에서는 전달 매체에 따라 언어를 음성 언어인 구어와 문자 언어인 문어로 엄격히 구분해 왔다.

구어는 기본적으로 음성(Voice)을 매개로 하며, 화자와 청자가 동일한 시공간을 공유하는 상황에서 발생한다. 따라서 발화는 즉각적이고 일회적이며, 현장의 맥락에 크게 의존한다. 반면 문어는 문자(Text)를 매개로 하며, 필자와 독자가 시공간적으로 분리된 상황을 전제로 한다. 문어는 기록되어 영구적으로 남으며, 독자가 언제 어디서 읽을지 알 수 없기에 텍스트 자체만으로 정보가 완결되어야 하는 논리적 정합성을 요구한다.

언어학자 왈라스 체이프(Wallace Chafe:1982)는 이러한 차이를 다음과 같이 '관여(Involvement)'와 '분리(Detachment)'라는 개념으로 설명했다.

- **관여**(Involvement)

구어의 특징으로, 화자와 청자가 대화 상황에 깊이 개입하고 있음을 의미한다. 실시간 상호작용, 감정의 직접적 표출, 비언어적 정보(표정, 억양 등)의 활용이 두드러진다.

- **분리**(Detachment)

문어의 특징으로, 필자가 독자로부터, 그리고 텍스트가 생산되는 시점으로부터 분리되어 있음을 의미한다. 객관적이고 분석적인 태도, 복잡하고 정교한 문법 구조가 요구된다.

그러나 현대 사회의 디지털 커뮤니케이션은 이러한 이분법적 분류를 무너뜨렸다. 인터넷 게시판의 댓글, 인스턴트 메신저의 대화, SNS의 짧은 포스팅 등은 '문자'로 기록되지만, 그 기능은 '대화'에 가깝기 때문이다.

<**구어와 문어의 특징 비교 (Chafe:1982)>**

구분	구어(口語, Spoken Language)	문어(文語, Written Language)
매체	음성(Sound)	문자(Text)
시간성	동시적, 일회적(사라짐)	비동시적, 영구적(남음)
상황 의존성	높음(현장 맥락 중요)	낮음(텍스트 자체로 완결)
내용	체험적, 주관적, 현재적	지식적, 객관적, 논리적
구조	단순, 파편적, 비문법적 허용	복잡, 체계적, 문법 준수
존재 방식	관여(Involvement)	분리(Detachment)

2. 입력어: 제3의 언어 양식

우리가 카카오톡이나 라인(LINE), 혹은 X(구 트위터)에서 사용하는 언어를 생각해 보자. 친구에게 "지금 어디? ㅋㅋ"라고 메시지를 보낼 때, 우리는 문자를 사용하고 있으므로 형식적으로는 문어이다. 그러나 이 메시지는 문어 특유의 논리적 완결성보다는 즉각적인 반응과 친밀감의 표현을 목적으로 하며, 실시간으로 상대방에게 전달된다는 점에서 기능적으로는 구어에 가깝다.

이처럼 입력어는 '문자의 탈을 쓴 구어'이자, '구어의 속성을 지닌 문어'라는 이중적인 성격을 띤다. Mar(2000)는 컴퓨터 매개 커뮤니케이션(CMC) 상황에서의 언어가 구어적 요소가 강하지만, 기본적으로 문자를 통해 시각화된다는 점에서 문어적 요소 또한 포함하고 있다고 지적했다. 즉, 입력어는 디지털 디바이스의 키보드나 터치스크린을 통해 '입력'이라는 행위를 거쳐 생성되는 텍스트이지만, 그 사용 맥락은 화자와 청자가 가상의 공간에서 밀접하게 관여(Involvement)하는 구어적 상황인 것이다.

사다노부 토시유키(定延利之) 등의 연구에 따르면, 현대의 '입력어'는 기존

의 문어가 갖는 '분리(Detachment)'의 특성을 극복하고, 디지털 네트워크를 통해 '가상의 관여(Virtual Involvement)'를 형성하려는 시도이다. 우리가 메신 저에서 "읽씹(읽고 씹음, 既読スルー)"에 상처받는 이유는, 텍스트(문어)를 주고 받음에도 불구하고 마치 눈앞에서 말을 걸었는데 무시당한 것과 같은 구어적 상황(Involvement)으로 인식하기 때문이다.

결국 입력어는 기존의 구어와 문어라는 이분법적 분류로는 포착할 수 없는 제3의 영역에 위치한다. 이는 단순히 말을 글로 옮겨 적은 '전사 (Transcription)'와는 다르며, 편지와 같은 전통적인 서간문과도 구별된다. 입 력어는 "네트워크를 매개로 한 실시간 상호작용성을 전제로, 키보드 입력을 통해 생성된 구어적 성향의 텍스트"라고 정의할 수 있다. 그러나 그렇다고 해 서 단순히 온라인상에 존재하는 모든 텍스트(예: 전자책, 온라인 설명서)가 입력 어가 되는 것은 아니다. 전자책이나 온라인 매뉴얼은 디지털 매체에 존재하 지만, 여전히 '분리(Detachment)'된 상태의 전통적 문어이기 때문이다.

일본어 입력어의 탄생 메커니즘과 사례

입력어의 가장 큰 특징은 '입력(Input)'이라는 기술적 과정이 언어의 형태 에 직접적인 영향을 미친다는 점이다. 특히 일본어는 한자(漢字), 히라가나(平 仮名), 가타카나(片仮名), 로마자(ローマ字)라는 네 가지 문자 체계를 혼용하며, 이를 디지털 기기에 입력하기 위해 독특한 입력 시스템(IME)을 사용한다. 이 러한 기술적 제약과 특성이 일본어 입력어의 독특한 양상을 만들어냈다.

1. 일본어 IME의 다층적 구조와 변환의 미학

일본어의 디지털 입력은 일반적으로 '로마자 입력(Romaji Input)' 방식을 따른다. 로마자 입력 방식이란, 앞선 장에서도 설명한 바 있으나, 사용자가 키보드 영문 자판으로 발음을 입력하면(k-a-n-j-i), 화면에는 1차적으로 히라가나(かんじ)가 나타나고, 이를 다시 스페이스바나 변환키를 눌러 문맥에 맞는 적절한 한자(漢字, 幹事, 感じ 등)로 변환(変換)하는 과정을 가리킨다.

이러한 [로마자 입력 → 가나 변환 → 한자 변환 → 확정]이라는 다층적인 프로세스는 각 단계마다 의도치 않은 오류나 의도적인 변형이 개입할 수 있는 틈을 제공한다. 이것이 바로 일본어 입력어가 한국어나 영어의 입력어보다 훨씬 다양한 층위를 갖게 되는 이유이다. 일본의 네티즌들은 이 복잡한 입력 과정을 귀찮아하여 생략하거나, 오히려 이 과정에서 발생하는 오류를 유희로 승화시켰다.

2. 로마자 입력 단계의 잔재: 생략과 축약

입력어는 경제성을 추구한다. 빠르게 대화를 이어나가기 위해 변환 과정을 생략하고, 입력 도중 멈춰버린 형태가 그대로 신조어로 굳어지는 현상이 발생한다. 이는 '로마자 입력' 방식의 흔적이 그대로 남아 있기 때문이다.

- おk(오케[oke])
'OK'를 입력할 때, 한영 전환을 하지 않고 일본어 모드에서 o를 치면 お가 되고, k는 그대로 남아서 おk가 된다. 굳이 수정하지 않고 그대로 사용하는 '귀차니즘'과 입력의 효율성이 결합된 사례다.

- w(와라[wara])

일본 웹상에서 가장 흔하게 볼 수 있는 'w'는 '웃음'을 뜻하는 일본어 '笑い(와라이[warai])'에서 유래했다. 로마자로 warai를 입력하기 위해 첫 글자 w를 치는 순간, 나머지 입력을 생략하고 그대로 전송한 것이 시초다. 문장 끝에 (笑)라고 적는 것이 전통적인 방식이었으나, 입력의 번거로움 때문에 'w' 하나로 대체되었다. 이것이 반복되어 www와 같이 쓰이면 그 모양이 마치 풀(Grass)이 자라난 것과 같다 하여 최근에는 '쿠사(草, 쿠사[kwsa], 풀)'라는 표현으로 진화하기도 했다. 이는 입력의 경제성이 시각적 이미지로까지 확장된 사례다.

- う p(우푸[wpw])

파일을 '업로드(Upload)'한다는 의미의 속어다. 일본어 입력 모드(IME On) 상태에서 영어 단어 up을 입력하면, 앞의 u는 모음 '우'로 인식되어 히라가나 う로 변환되지만, 뒤의 p는 모음이 없어 변환되지 않고 알파벳 p 그대로 남는다. 그 결과 う p라는 히라가나와 알파벳의 기묘한 혼종이 탄생했고, 이것이 그대로 '업로드'를 뜻하는 표준적인 인터넷 용어가 되었다. 사용자는 굳이 영문 모드로 전환하거나 '업로드(アップロード)'라고 길게 치는 수고를 덜 수 있다.

3. 한자 변환 단계의 유희: 오변환(誤変換)과 아테지(当て字)

일본어 IME는 수많은 동음이의어(Homophones)를 변환 후보로 제시한다. 사용자가 급하게 입력하다가 잘못된 한자를 선택하는 '오변환'은 본래 의미와 전혀 다른 엉뚱한 단어를 만들어내는데, 네티즌들은 이를 수정하는 대신 그 자체를 즐기며 새로운 은어로 정착시켰다. 네트워크 용어의 예시로 들었던 厨房(주방, 츄보[tɕu:boː]), 幸(사치 [satɕi]), 姜維(강유, 쿄이[kjo.i])에 더해 다음과 같은 예시도 마찬가지의 경우라고 할 수 있다.

- 消防(소방, 쇼보[ɕo:bo:])

본래 쇼보(消防)는 화재를 진압하는 '소방(消防)'을 뜻하는 단어다. 그러나 인터넷상에서는 초등학생을 낮잡아 부르는 속어인 '쇼보(小坊[ɕo:bo:])'와 발음이 같다는 점을 이용해 '초등학생' 혹은 '초등학생처럼 논리가 없고 유치한 사람'을 비하하는 말로 쓰인다. 中坊(중학생, 츄보)가 厨房(주방, 츄보)으로, 高坊(고등학생, 코보)는 工房(공방, 코보)로 대체되는 것과 마찬가지로, 大坊(대학생, 다이보) 역시 大房(대학생, 다이보)로 확장되기도 한다.

- 鯖(고등어, 사바[saba])

본래 등푸른 생선인 '고등어'를 뜻하는 단어이나, 컴퓨터 '서버(サーバー[sa:ba:])'와 생선 '사바(고등어, 鯖[saba])'와 발음이 비슷하여 인터넷 '서버(Server)'를 뜻하는 의미로 정착된 표기이다. 단순히 발음이 비슷해서 쓰이기도 하지만, 서버가 다운되거나 상태가 안 좋을 때 "고등어가 썩었다(鯖が落ちた)", "고등어를 읽을 수 없다(鯖が読めない)"와 같이 유희적으로 표현하기 위해 자주 사용된다. 특히 온라인 게임이나 네트워크 관련 대화에서 매우 빈번하게 쓰인다.

- 希ガス(키가스[kigasɯ], 비활성 기체)

"~인 것 같아", "~인 듯해"라는 불확실한 추측을 나타낸다. 일본어 문장 끝에 붙는 "~기가 스루(~気がする, ~한 기분이 든다/생각이 든다)"를 줄여서 "키가스(気がす)"라고 부르던 것이, 컴퓨터 변환기에서 화학 용어인 '키가스(希ガス)'로 오변환된 것이 그대로 정착된 사례. 마치 어려운 전문 용어처럼 보이지만, 실제로는 단순히 "내 기분 탓인가?" 정도의 가벼운 뉘앙스를 위트 있게 표현할 때 사용된다. 예를 들어 "이거 왠지 위험한 냄새가 나는데?(これは危な

ぃ希ガス)"라고 사용한다. 참고로 헬륨, 네온 등 화학 반응을 잘 하지 않는 '비활성 기체(Noble Gas)'를 일본어로 '희가스(希ガス)'라고 한다.

4. 시각적 변형과 해체: 유사성(Iconicity)의 활용

디지털 텍스트는 폰트와 디스플레이를 통해 구현되는 시각 정보이다. 따라서 입력 방식이나 글자의 본래 의미와는 무관하게, 단순히 '보기에 비슷한' 글자로 대체하는 현상이 나타난다.

- タヒ(타히[tahi])

'죽다'라는 뜻의 한자 '사(死)'를 가타카나로 분해(파자)한 것이다. '死'의 윗부분이 가타카나 '타(タ)'와 비슷하고, 아랫부분이 '히(ヒ)'와 비슷하기 때문이다. "죽어라(死ね)"라는 과격한 말을 필터링이나 검열로부터 피하기 위해, 혹은 그 공격성을 시각적으로 완화하기 위해 タヒね(타히네)라고 표기한다. 이는 디지털 환경에서의 검열 회피 본능과 시각적 유희가 결합된 결과다.

- 糸冬(오와리[owari])

'끝', '종료'를 뜻하는 한자 '마칠 종(終)'을 부수인 '실 사(糸)'와 '겨울 동(冬)'으로 분해한 것이다. 인터넷 게시판에서 스레드(게시물)의 수명이 다했거나, 돌이킬 수 없는 실수로 상황이 절망적일 때(소위 "인생 끝났다") 자조적으로 사용한다. 단호하게 '종(終)'이라고 적는 것보다, 글자를 해체하여 시각적 여백을 둠으로써 '끝'이라는 상황이 주는 허무함이나 탈력감(脫力感)을 강조하는 효과가 있다.

- 礻申(카미[kami])

'신(神, 카미)'이라는 글자를 좌변(示→礻)과 우변(申)으로 분리하여 가타카

나 '네(ネ)'와 한자 '신(申)'으로 표기한 것이다. "신처럼 대단하다", "갓(God)이다"라는 최상급의 칭찬으로 쓰이며, 글자를 해체함으로써 일반적인 '신(神)'보다 더 인터넷 하위문화적인 뉘앙스를 강조한다.

- ネ兄(이와이[iwai])

'축하'를 뜻하는 한자 '빌 축(祝)'을 좌변(示→ネ)과 우변(兄)으로 분리하여 가타카나 '네(ネ)'와 한자 '형(兄)'으로 표기한 것이다. 앞서 언급한 'ネ申(카미)'와 동일한 형성 원리를 가진다. 생일이나 합격 등 축하할 일이 있을 때 사용하며, 정식으로 '축하합니다'라고 쓰는 것보다 친근하고 격식 없는 뉘앙스를 전달한다. 입력 과정에서 변환 키를 누르는 수고를 덜거나, 혹은 그 오변환 과정 자체를 유희로 즐기는 인터넷 커뮤니케이션의 속도성을 반영한다.

한국어 입력어의 특징: 자판 배열과 구조의 유희

한국어는 일본어와 달리 자음과 모음을 결합하여 글자를 만드는 조합형 문자 체계를 가지고 있다. 따라서 한국어의 입력어는 일본어의 '변환' 과정에서 발생하는 오류보다는, '조합' 과정에서의 생략이나 자판 배열(Layout)의 특성에서 기인하는 경우가 많다. 특히 한국어의 입력어는 한글 고유의 구조적 특성인 초성, 중성, 종성의 조합 메커니즘과 깊은 관련이 있다.

1. 초성체와 자모 조합의 과감한 생략

한국어 입력의 가장 큰 특징은 자음(초성) → 모음(중성) → 자음(종성)의 순서로 입력하여 하나의 글자를 완성한다는 점이다. 그러나 빠른 속도를 요구하는 디지털 대화(채팅)에서는 이 과정의 후순위를 과감히 생략하고, 의미 전달이 가능한 최소 단위인 초성만을 입력하는 '초성체'가 발달하게 된다.

- ㅋㅋㅋㅋ, ㅇㅇ, ㅇㅈ

'크크크(웃음)', '응(동의)', '인정(동의)'의 초성만 딴 것이다. 이는 일본어의 w와 유사한 경제성의 원리에 기반하지만, 한글의 음절 구조를 해체하여 자음만으로 소통한다는 점에서 독특하다. 일본어는 가나 문자 자체를 줄일 수는 없어 w처럼 로마자를 빌려오지만, 한국어는 자국 문자의 구성 요소(자모)를 분리하여 활용한다는 차이가 있다. 이러한 초성체는 입력 시간을 획기적으로 단축시켜 실시간 대화의 속도감을 유지하는 데 필수적인 요소가 된다.

2. 오타의 정착과 도깨비불 현상(Automata Error)

한국어의 표준 입력 방식인 두벌식 자판은 자음과 모음을 번갈아 입력해야 한다. 빠른 속도로 입력하다 보면 자음과 모음의 입력 타이밍이 엇갈리거나, 받침이 다음 글자의 초성으로 넘어가거나 그 반대의 현상이 발생한다. 이를 기술적으로는 '오토마타 오류', 혹은 '도깨비불'과 같은 단어를 입력할 때 화면상에서 받침이 합쳐졌다 떨어지는 모습을 빗대어 '도깨비불 현상'이라고도 한다.

- 젭라

'제발'을 빠르게 치다가 발생한 오타다. 원래는 ㅈ+ㅔ+ㅂ+ㅏ+ㄹ 순서로 입력해야 하지만, 급하게 치다 보면 ㅂ 다음에 ㅏ 보다 ㄹ이 먼저 입력되는 경우가 있다. 이때 컴퓨터는 제 다음의 ㅂ을 받침으로 인식하여 젭을 만들고, 뒤이어 오는 ㄹ과 ㅏ를 결합하여 라를 만든다 (ㅈ+ㅔ+ㅂ(받침) + ㄹ(초성) + ㅏ). 이렇게 탄생한 '젭라'는 묘하게 간절하면서도 우스꽝스러운 어감을 주어, '제발'

을 대체하는 네트워크 용어로 정착했다. X(구 트위터)와 같은 플랫폼에서는 '젭라'를 검색하면 자동으로 '제발'을 검색 결과로 보여줄 만큼, 이 오타는 이미 디지털 환경에서는 동의어로 데이터베이스화되어 있다.

- 오타를 통한 뉘앙스 전달

완벽하게 맞춤법을 지킨 문장은 때로 너무 정색하거나 차가운 느낌(Detachment)을 줄 수 있다. 따라서 친한 사이에서는 의도적으로 '젭라', '뭥미(뭐임의 오타)', '오키'와 같이 오타를 내거나 소리 나는 대로 적어 '관여(Involvement)'와 친밀감을 표시한다. 이는 구어에서 약간 흐트러진 발음으로 친근함을 표시하는 것과 유사한 전략이다.

3. 자판 배열에 의한 우연성: 한영 오타의 활용

한국어 입력어의 또 다른 큰 줄기는 한영 키 전환 실수에서 비롯된다. 한국어 화자들은 QWERTY 자판과 한글 두벌식 자판이 같은 키를 공유하는 환경에서 생활한다. 이로 인해 입력 모드를 확인하지 않고 타이핑했을 때 발생하는 무의미한 나열이 새로운 의미를 획득하는 경우가 있다.

- 마47(ak47)

유명한 돌격소총 'AK-47'을 입력할 때, 한영 키를 누르지 않고 한글 모드에서 ak를 치면 ㅁ(key a) + ㅏ (key k)가 되어 '마'가 된다. 밀리터리 커뮤니티나 게임 커뮤니티에서는 'AK47'을 '마47'이라고 부르며, 이것이 마치 "마(魔)의 무기"와 같은 중의적인 느낌을 주기도 하여 널리 쓰이게 되었다. 이는 입력 도구(키보드)의 물리적 배열이 언어 생성에 직접적인 원인이 된 사례다.

- gif(헐)

감탄사 '헐'을 영어 모드에서 입력하면 g(ㅎ) + j(ㅓ) + f(ㄹ)가 된다. 이 역시 '헐'이라는 감탄사가 주는 느낌과는 또 다른, 다소 멍하거나 당황스러운 느낌을 시각적으로 전달하는 용어로 쓰인다. 이러한 표현은 키보드 배열이 다른 국가나 언어권에서는 절대 발생할 수 없는, 한국어 사용자만의 고유한 입력어다.

4. 야민정음(野民正音): 시각적 유사성의 극대화

일본어의 夕ヒ(타히)와 유사하게, 한국어에서도 글자의 모양이 비슷한 것을 이용해 다른 글자로 바꿔 부르는 현상이 폭발적으로 증가했다. 이는 한국의 커뮤니티 디시인사이드(DC Inside)의 야구 갤러리에서 시작되어 흔히 '야민정음'이라 불린다.

- 댕댕이: '멍멍이(강아지)'의 '멍' 자가 '댕' 자와 시각적으로 매우 흡사하다는 점을 이용한 것이다. 이제는 공중파 방송이나 마케팅에서도 쓰일 정도로 대중화되었다.

- 띵작: '명작(名作)'의 '명'이 '띵'과 비슷해 보여서 생긴 말이다.

- 네넴띤: '비빔면'의 '비빔'이 '네넴'과 비슷해 보여서 팔도 비빔면이 실제로 출시한 한정판 제품명이다. 이는 입력어가 서브컬처를 넘어 기업의 마케팅 전략에까지 영향을 미친 사례다.

이러한 현상은 디지털 폰트가 가진 정형성과 시각적 특징을 활용한 것으로, 손글씨 시대에는 발생하기 힘들었던 '입력어'만의 독특한 유희 방식이다.

입력어의 사회언어학적 특징과 함의

지금까지 살펴본 일본어와 한국어의 입력어 사례들은 단순한 말장난이 아니다. 이는 디지털이라는 새로운 생태계에서 인간이 어떻게 언어를 적응시키고 진화시키는지를 보여주는 증거라고 할 수 있다. 이와 같은 입력어는 다음과 같은 사회언어학적 특징을 갖는다.

1. 속도와 효율성: 경제성의 원리

입력어 발생의 가장 일차적인 동기는 '속도'다. 스마트폰이나 PC를 통한 대화는 구어적 속도감을 요구한다. 수십 명이 참여하는 단체 채팅방(단톡방)이나 2채널(2ちゃんねる)과 같은 인터넷 커뮤니티 혹은 유튜브의 실시간 게시판과 같은 곳에서 대화의 흐름을 놓치지 않고 끼어들기 위해서는, 정교한 문장을 완성할 시간이 없다. 따라서 주술 관계가 호응하지 않는 비문(非文), 조사의 생략, 극단적인 축약이 발생한다. 이는 화자의 게으름 때문이 아니라, '실시간성'을 확보하기 위한 치열한 언어적 전략이다.

2. 패럴랭귀지(Paralanguage)의 결핍과 보완

구어 대화에서는 목소리의 톤, 억양, 표정, 침묵과 같은 비언어적 정보, 즉 패럴랭귀지가 의미 전달의 절반 이상을 차지한다. 그러나 텍스트 기반의 입력어 환경에서는 이러한 비언어적 정보가 소거된다. 예를 들어 "밥 먹었어?"라는 메신저의 텍스트만으로는 화자가 화가 났는지, 기쁜지, 귀찮은지 등 어떠한 감정으로 말하고 있는지 명확히 알 수 없다.

따라서 입력어는 이러한 네트워크상의 텍스트를 통한 대화에서는 비언어적 표현의 결핍을 보완하기 위해 적극적으로 시각적 기호를 도입한 입력어가 등장하게 된다. 笑, ww, ㅋㅋ와 같은 웃음의 표기, 스탬프(スタンプ), 이모티콘 등의 사용은 단순한 장식이 아니다. 이는 구어에서의 표정과 억양을 대신하여 감정의 온도를 전달하고, 메시지의 의도를 명확히 하는 '문맥적 표지'의 역할을 수행한다. 예를 들어, 젊은 세대가 메신저 대화 끝에 마침표(.)를 찍는 것을 '화가 났다'거나 '딱딱하다'고 느끼는 이유도, 입력어 세계에서 마침표는 대화의 단절이나 정색을 의미하는 비언어적 신호로 기능하기 때문이다. 또한 어르신들이 보내는 문자나 SNS 메시지 문장의 말미에 ~ 기호를 자주 찾아볼 수 있는 것 또한 이와 유사한데, 무언가 딱딱하고 정이 없다고 느껴지기 때문에 사용하는 문맥적 표지라고 볼 수 있다.

3. 놀이와 유대감: 내집단(In-group)의 확인

입력어, 특히 오변환이나 야민정음과 같은 변형된 언어는 일종의 암호와 같다. 사치엔진(幸エンジン[*satɕi endʑin*], 서치엔진)이나 젭라(제발), Ma47(AK47)의 유래를 안다는 것은 해당 커뮤니티의 문화를 공유하고 있다는 증거가 된다. 따라서 이러한 입력어를 사용하는 행위는 타인에게 "나는 이 문법을 알고 있는 내부자(In-group)다"라는 신호를 보내는 것이며, 이를 통해 집단의 결속력을 강화한다. 반대로 이러한 언어를 모르는 기성세대나 외부인은 자연스럽게 배제되며, 이를 통해 세대 간의 언어 장벽이 형성되기도 한다.

매체의 진화와 입력어의 미래

입력어는 고정된 것이 아니다. 입력 도구(Device)가 변하면 입력어도 변한다. PC 키보드 시대에 유행했던 OTL(좌절하는 사람의 형상)이나 복잡한 아스키 아트(ASCII Art)는 스마트폰 시대로 넘어오면서 입력의 불편함과 작은 화면 크기의 제약으로 인해 쇠퇴했다. 대신 터치 인터페이스와 고해상도 디스플레이에 최적화된 이모지(Emoji)와 스탬프, 그리고 짧은 영상 짤(GIF)이 그 자리를 대신하고 있다.

또한, 일본의 경우 스마트폰의 '플릭 입력(Flick Input, フリック入力)' 방식이 보편화되면서, 입력어의 양상도 달라지고 있다. 로마자 입력 기반의 오타(예: w)보다는 예측 변환 기능을 잘못 선택해서 생기는 문맥적 오류나, 플릭 방향을 잘못 입력해서 생기는 새로운 형태의 오타가 늘어나고 있다. 게다가 통계 자료에 따르면, 2017년을 기점으로 스마트폰 사용이 PC를 넘어섰기에 앞으로 입력어가 더욱더 모바일 친화적으로, 즉 더 짧고 더 시각적으로 진화할 것을 예측하는 것은 결코 어려운 일이 아닐 것이다.

그림 일본어 자판의 플릭 입력 방식

음성 인식 기술(Voice-to-Text)의 발달은 다시금 '입력어'를 '구어'로 회귀시킬지도 모른다. 그러나 텍스트가 가지는 기록성과 편집 가능성, 그리고 침묵 속에서의 소통이라는 장점 때문에 입력어는 앞으로도 구어, 문어와 공존하며 독자적인 영역을 구축해 나갈 것이다.

하이브리드 언어, 입력어

제5장에서는 디지털 네트워크 환경에서 탄생한 '입력어(打ち言葉)'의 정의와 발생 원인, 그리고 특징에 대해 상세히 살펴보았다. 입력어는 구어의 현장성과 문어의 시각성을 동시에 지닌 하이브리드 언어 양식이다. 일본어의 'w', '厨房', '妛'나 한국어의 'ㅋㅋ', '젭라', '마47' 등과 같은 신어·유행어는 단순한 언어 파괴가 아니라, 각 언어의 문자 체계와 입력 시스템(IME)이 가진 기술적 제약과 가능성을 창의적으로 활용한 결과물이다.

우리는 이제 펜으로 글을 쓰는 시간보다 키보드나 액정을 두드리며 대화하는 시간이 더 긴 시대를 살고 있다. 입력어는 현대인의 사고와 소통 방식을 반영하는 가장 생생한 지표가 되고 있다. 이제부터 우리는 입력어에 대한 관찰을 통해 기술이 인간의 언어를 어떻게 변화시키는지, 그리고 인간은 그 기술 안에서 어떻게 유희와 소통의 본질을 찾아가는지를 목격할 수 있게 될 것이다. 다음 제6장에서는 이러한 입력어를 가장 적극적으로 생산하고 소비하는 주체인 일본의 젊은 세대의 언어, 와카모노코토바(若者言葉)'에 대해 구체적으로 알아보기로 하자.

제6장

젊은 세대 언어, 와카모노코토바(若者言葉) I

디지털 네이티브의 언어적 영토

우리는 앞선 제5장에서 디지털 기술과 네트워크 환경이 언어의 형태를 어떻게 변화시켰는지, 특히 '입력어(打ち言葉, 우치코토바[*utɕikotoba*])'라는 새로운 양식의 탄생을 통해 살펴보았다. 키보드와 터치스크린이라는 물리적 인터페이스는 사고의 속도를 문자의 속도로 변환시켰고, 이 과정에서 발생한 오타와 축약, 그리고 변환의 유희는 새로운 소통의 문법이 되었다. 이제 우리는 이러한 디지털 생태계의 가장 강력한 포식자이자 생산자인 '젊은 세대'에게로 시선을 돌려보고자 한다.

언어는 살아있는 유기체와 같아서, 시대의 공기를 마시며 끊임없이 세포 분열을 일으킨다. 그 분열의 최전선에 서 있는 존재들이 바로 젊은 세대다. 그들이 사용하는 언어, 즉 '와카모노코토바(若者言葉[*wakamono kotoba*], 젊은 세대 언어)'는 기성세대의 눈에는 때로는 난해한 암호처럼, 때로는 문법의 파괴처럼 보일 수 있다. 하지만 그것은 파괴가 아니라 '진화'이며, 불확실한 미래와 파편화된 사회 속에서 자신들의 존재를 증명하려는 치열한 정체성 투쟁의 산물이다.

본 장에서는 일본의 젊은 세대 언어가 무엇인지 그 정의와 범주를 명확히 하고, 2024년 현재 일본 사회를 관통하고 있는 최신의 언어 트렌드를 텍스트 마이닝과 사회언어학적 관점에서 심층 분석할 것이다. 또한, 왜 젊은 세대의 언어가 그토록 폭발적인 전파력을 가지는지, 그리고 그 언어의 이면에 숨겨진 심리적 기제는 무엇인지에 대해 일본과 한국의 사례를 교차하며 탐구해 보자.

와카모노코토바(若者言葉)의 정의와 사회적 위상

1. '젊은 세대'의 사회언어학적 범주

'와카모노코토바'를 논하기에 앞서, 우리는 과연 어디까지를 '젊은 세대(若者, 와카모노[*wakamono*])'로 규정할 것인가에 대한 합의가 필요하다. '젊음'이라는 단어는 생물학적 연령을 넘어 사회적, 문화적 맥락에 따라 고무줄처럼 늘어나기도 하고 줄어들기도 한다. 일단 본서에서는 젊은 세대를 언어학적 측면에서 "10대 전후에서 30대 전후"로 폭넓게 규정하고자 한다.

혹자는 10대에게 30대를 같은 세대로 묶는 것에 의문을 제기할 수도 있다. 중학생의 눈에 30대 직장인은 이미 기성세대에 속하는 '아저씨, 아줌마'일 수 있기 때문이다. 그러나 언어학적, 특히 대중문화의 관점에서 30대는 여전히 중요한 의미를 갖는다. 그들은 10대가 생산한 날것의 언어를 소비하고, 이를 구매력과 결합하여 사회 전반의 트렌드로 확산시키는 '허브(Hub)' 역할을 수행한다. 또한 최근 일본 사회에서는 초로 재팬(初老ジャパン, 2024년 파리 올림픽 승마 대표팀의 평균 연령이 41세임에도 스스로를 '초로(初老)'라 칭하며 친근함을 어필한 사례)과 같이 나이에 대한 사회적 인식이 유연해지고 있어, 언어 사용 층위로서의 '젊은 세대'의 경계는 더욱 확장되는 추세다.

구분	연령대 및 특징	비고
언어학적 정의	10대 전후 ~ 30대 전후	신어 생성의 주체이자 유행의 발신지. 디지털 네이티브 및 디지털 유목민 세대.
법적/행정적 정의	지자체 조례에 따라 39세, 혹은 45세까지 확장	고령화 사회로 인한 청년 범위의 확대. 경제 활동 인구로서의 청년.
문화적 정의	트렌드에 민감하고 SNS 활용도가 높은 집단	JC(여중생), JK(여고생), JD(여대생), 사회 초년생 등 유행을 선도하는 핵심 그룹.

따라서 본서에서 다루는 와카모노코토바의 주체는 단순히 '어린 아이들'이 아니라, 일본 대중문화의 최전선에서 언어를 통해 문화를 향유하고 생산하는 모든 세대를 아우르는 개념으로 이해해야 한다.

2. 신어·유행어와 와카모노코토바의 관계

제1장과 제2장에서 우리는 신어(新語, 신고[ɕiŋgo])와 유행어(流行語, 류코고[ɾjuːkoːgo])의 개념을 정립했다. 신어는 새로운 조어법에 의해 생성된 어휘이고, 유행어는 특정 시기에 폭발적으로 사용되는 어휘다. 와카모노코토바는 이 두 가지 속성을 모두 내포하면서도, '집단어(集団語, 슈단고[ɕuːdaŋgo])'로서의 성격이 매우 강하다는 점에서 차별화된다.

젊은 세대의 언어는 기본적으로 '우리'와 '그들'을 구분 짓는 경계선 긋기에서 시작된다. 기성세대가 이해하지 못하는 말을 사용함으로써 또래 집단 내부의 결속력을 강화하고, 그들만의 비밀스러운 뉘앙스를 공유한다. 그러나 역설적이게도 이 폐쇄적인 집단어는 네트워크를 타고 순식간에 대중적인 유행어로 변모한다. 그래서 "젊은 세대의 유행어는 이미 유행어임에도 불구하고 또다시 (다른 세대를 기반으로) 유행한다"는 모순적인 현상이 발생하기도 한다.

우선 와카모노코토바는 다음과 같은 특징을 가진다.

- 은어적 성격: 특정 집단 내부에서만 통용되는 은밀한 언어.
- 유희성: 언어 자체를 장난감처럼 가지고 노는 태도.
- 휘발성·생명력: 빠르게 생성되고 소멸하지만, 일부는 살아남아 표준어
  영역을 넘본다.
- 불투명성: 문맥을 모르면 의미를 파악하기 힘든 암호와 같은 특성.

일본 젊은 세대 언어의 최전선: 사례 분석

그렇다면 일본에서는 어떠한 와카모노코토바(若者言葉)가 유행하고 있을
까. 최신 트렌드를 바탕으로 현재 일본 젊은 세대 사이에서 폭발적인 인기를
끌고 있는 대표적인 와카모노코토바를 분석해 보자. 다만, 그 과정에서 이들
은 단순한 단어가 아니라, 그 세대의 문화와 사고방식을 대변하는 키워드라
는 점을 잊지 말아야 한다.

✳

『 ほんmoney(혼마니) 』

방언과 영어의 힙한 결합

| 표기 | ほんmoney (혼마니[*hõmmani*]) |

| 의미 | 정말로, 진짜로? |

· 분석: 이 단어는 일본어의 언어유희가 얼마나 다층적으로 이루어지는지
를 보여주는 완벽한 사례다.

- 1단계 (기층 언어): 간사이 방언(Kansai Dialect)인 'ほんまに(혼마니
  [*hõmmani*], 정말로)'가 있다. 표준어의 '정말로(本当に, 혼토니[*honto:ni*])'
  에 해당한다.
- 2단계 (발음의 유사성): 영어 'money(돈)'의 발음 머니[*mʌni*]가 일본어 '
  마니(mani)'와 유사하다는 점에 착안했다.
- 3단계 (재조립): 'ほん(혼)' + 'money(머니)'를 결합하여 'ほんmoney'라
  는 시각적 혼종을 만들어냈다.

· 발생 배경 및 유행: 이 표현은 일본의 Z세대 아이콘이자 유명 인플루
언서인 케미오(kemio)가 영상 속에서 사용하면서 폭발적으로 유행했
다. 그가 영상에서 "혼마니?"라고 말할 때의 독특한 억양이 시청자들에
게 "money처럼 들린다"는 반응을 이끌어냈고, 이를 케미오가 역수입
하여 공식적인 유행어로 정착시켰다. 시청자들의 댓글과 피드백이 언
어 생성에 직접적으로 관여한 '참여형 신조어'의 전형이다. 'ほんまに'라
고 히라가나 4글자만 치면 될 것을 굳이 영문 키보드로 전환하여 'ほん
money'라고 7글자 이상을 입력하는 것은 입력의 효율성 측면에서 보면

비합리적이다. 그러나 때로는 젊은 세대에게 중요한 것은 효율성이 아니라 '재미(面白さ, 오모시로사[omoɕirosa])'와 '남다름(ユニークさ, 유니크사[ɰɯniːkɯsa])'이다. 기성세대가 보면 "진짜 돈(Real Money)?"이라고 오해하기 딱 좋은 이 불투명성이야말로 이 단어를 '우리만의 언어'로 만드는 핵심 기제다.

✱

『 自然界隈(시젠 카이와이) 』
공간에서 취향의 공동체로

표기	自然界隈(자연계외, 시젠 카이와이[ɕizẽŋ kaiwai])

의미	자연을 즐기는 무리, 혹은 자연 친화적인 활동을 즐기는 트렌드. 산, 강, 바다 등 자연 풍경 속에서 찍은 사진을 SNS에 올리거나 그런 활동을 즐기는 사람들을 지칭한다.

· 어휘의 의미론적 확장

- 전통적 의미: 界隈(카이와이[kaiwai])는 본래 '아사쿠사 카이와이(浅草界隈)'처럼 특정 지명 뒤에 붙어 '근처, 부근, 일대'를 뜻하는 지리적 명사였다.

- 현대적 의미: 최근에는 아이돌 팬덤, 오타쿠 그룹 등 '특정 취미나 성향을 공유하는 집단/커뮤니티'를 뜻하는 접미사로 의미가 급격히 확장되었다. '지리적 공간'이 '취향의 공간'으로 전이된 것이다.

· 유사 사례

- 회전계외(回転界隈, 카이텐 카이와이[kaiteŋ kaiwai]): 음악에 맞춰 회전하

는 영상을 틱톡에 올리는 그룹.

- 셀카계외(自撮り界隈, 지도리 카이와이[*dzidori kaiwai*]): 자신의 얼굴 사진
(셀카)을 전문적으로 올리는 그룹.

· 사회적 배경

- '자연계외'라는 단어는 2024년 JC/JK 유행어 대상에 오를 만큼 강력한
트렌드가 되었다. 이는 코로나19 팬데믹 이후 실내 활동의 제약으로
인한 야외 활동 선호와, 인공적이고 과시적인 인스타그램의 '인스타바
에(インスタ映え[*insutabae*])' 문화에 피로감을 느낀 Z세대가 '힐링'과
'자연스러움', '디지털 디톡스'를 추구하는 성향이 반영된 결과다. 단순
히 자연을 좋아하는 것을 넘어, "나는 자연을 즐기는 힙한 그룹에 속해
있다"는 소속감을 드러내는 표현이다.

✳

『 おったまげ(옷타마게)와
레트로의 힙한 부활 』

표기	おったまget down (옷타마 겟다운)

의미	깜짝 놀라다. (매우 놀라운 상황)

· 구조적 특징

- 일본어 속어 'おったまげる(옷타마게루[*ottamageru*], 혼비백산하다/몹시
놀라다)'와 영어 'Get down'을 결합했다.

- '게루(げる)'와 '겟(get)'의 발음 유사성을 이용한 언어유희다.

· 맥락과 시사점

'옷타마게루' 자체는 사실 쇼와 시대(昭和時代)의 느낌이 나는, 다소 낡고 촌스러운 아저씨들의 언어였다. 그러나 한국의 아이돌 그룹 RIIZE(라이즈)의 멤버가 이 말을 밈(Meme)처럼 사용하고, 틱톡(TikTok) 등 숏폼 플랫폼에서 리듬감 있는 배경음악과 함께 춤을 추는 챌린지로 확산되면서 일본 젊은 세대 사이에서 가장 힙한 용어로 부활했다. 이는 언어가 단순히 세대 간에 단절되는 것이 아니라, 국경을 넘나드는 K-POP 문화와 숏폼 플랫폼의 파급력을 통해 '뉴트로(New-tro)'의 형태로 재해석되고 있음을 시사한다. 과거의 촌스러운 표현조차도 디지털 놀이 문화(Challenge)를 통해 새로운 생명을 얻는 것이다.

✳

『蛙化現象(카에루카 겐쇼)와 蛇化現象(헤비카 겐쇼) 』
Z세대의 연애 심리학

이 두 용어는 현대 일본 젊은 세대의 연애관, 자존감, 그리고 인간관계의 불확실성을 적나라하게 보여주는 가장 중요한 사회심리학적 키워드다.

· 蛙化現象(개구리화 현상, 카에루카 겐쇼[*kaeɾɯka gẽɰ̃ɕoː*])
  - 정의: 짝사랑하던 상대가 나에게 호감을 보이는 순간, 갑자기 상대방이 역겹게 느껴지거나 마음이 차갑게 식어버리는 심리 현상. 최근에는 의미가 더욱 확장되어, "교제 중인 상대의 사소한 행동(예: 푸드코트에서 쟁반을 들고 두리번거리는 모습, 개찰구에서 교통카드가 안 찍혀 당황하는 모습 등)을 보고 정이 떨어지는(幻滅, 겐메츠[*gemmetsɯ*]) 현상"을 포괄적으로 지칭한다. 한국어의 '정뚝떨', 영미권의 'The Ick'과 매우 유사하다.

- 유래: 그림 형제의 동화 『개구리 왕자』에서 유래했다. 동화에서는 공주의 키스로 개구리가 왕자가 되지만, 현실에서는 왕자 같았던 상대가 호감을 보이는 순간 '개구리(징그러운 존재)'로 전락한다는 역설적이고 냉소적인 의미를 담고 있다.

- 심리적 분석: 이 현상은 젊은 세대의 낮은 자존감과 깊은 관련이 있다. "나같이 별볼일 없는 사람을 좋아하다니, 너도 수준이 낮은 사람이구나"라는 무의식적 자기 비하가 상대방에 대한 혐오로 투사되는 것이다. 또한, 완벽한 이상형을 추구하는 미디어의 영향으로 상대방의 인간적인 빈틈(실수, 당황함)을 용납하지 못하는 '관계의 삭막함'을 보여주기도 한다.

그림 갑작스러운 '정뚝떨', '개구리화 현상(蛙化現象)'

· 蛇化現象(뱀화 현상, 헤비카 겐쇼[hebika genɕo])

  - 정의: 개구리화 현상의 정반대 개념이다. 연인이나 좋아하는 사람이 코를 파거나, 방귀를 뀌거나, 촌스러운 행동을 해도 "그것마저 귀엽다", "오히려 좋아"라며 맹목적으로 좋아하는 현상을 말한다.

  - 비유: 뱀이 먹이를 씹지 않고 통째로 삼키듯이(丸呑み, 마루노미[marunomi]), 상대방의 단점이나 부끄러운 모습까지 모두 삼켜버리고 수용한다는 의미에서 '뱀화'라고 명명되었다.

  - 트렌드: 틱톡의 커플 크리에이터들이 "내 남친의 뱀화 현상"이라는 주제로 영상을 올리면서 유행하기 시작했다. 이는 개구리화 현상이라는 부정적이고 계산적인 연애 담론에 대한 반작용이자, "있는 그대로의 나를 사랑해 주길 바라는", 그리고 "누군가를 조건 없이 사랑하고 싶은" 젊은 세대의 숨겨진 욕망을 대변한다.

<개구리화 현상 VS 뱀화 현상 비교 분석>

구분	개구리화 현상(蛙化現象)	뱀화 현상(蛇化現象)
핵심 감정	혐오, 식음(The Ick), 정뚝(떨)	맹목적 애정, 수용(Adoration)
트리거	상대의 호감 표현, 사소한 실수, 인간적 빈틈	상대의 모든 행동 (심지어 실수조차)
심리 기제	자기 비하, 환상 붕괴, 방어 기제	콩깍지, 전면적 긍정, 이상적 사랑의 갈구
동물 비유	왕자가 개구리로 추락(환멸)	뱀이 먹이를 통째로 삼킴(수용)
사회적 함의	관계 맺기의 두려움과 높은 기준	불안한 관계 속에서의 절대적 안정감 추구

와카모노코토바의 발생원인 심층 분석

젊은 세대 언어가 발생하는 원인은 크게 네 가지로 분석할 수 있다. 이는 단순한 언어학적 현상을 넘어, 현대 일본 사회의 구조적 모순과 젊은 세대의 심리적 결핍이 복합적으로 작용한 결과다.

1. 은어의 쾌락: "우리끼리만 아는 비밀" (집단 결속과 분위기 문화)

젊은 세대는 본능적으로 '또래어' 사용을 선호한다. 이는 기성세대나 타 집단(Out-group)과의 차별화를 꾀하고, 내 집단(In-group)의 유대감을 강화하는 가장 효과적인 수단이다. 여기서 중요한 개념이 바로 '노리(ノリ[nori], 분위기)'다.

한국어로 '흥'이나 '분위기', '장단'에 해당하는 '노리(ノリ)'는 대화의 리듬과 텐션을 의미한다. "노리(분위기)를 탄다(ノリがいい)"는 것은 집단의 흐름에 동조한다는 뜻이며, 반대로 "노리가 나쁘다(ノリが悪い)"는 것은 분위기를 깨는 행위로 간주된다. 은어를 공유하는 것은 바로 이 '노리'를 공유하는 행위이며, "선생님은 모르고 우리만 아는 말"을 사용할 때 느끼는 공범 의식과 쾌락이 언어 생성의 강력한 동기가 된다.

전 장에서 언급한 갸루어 '오하요(ォ八ヨ)'나 '오야스미(才ャス彡)'와 같은 문자 변형은 이러한 폐쇄성을 극대화한 사례다.

- ォ: 작은 가타카나 '오'
- 八: 한자 '여덟 팔' (가타카나 '하'와 유사)
- ヨ: 수학의 집합기호 (가타카나 '요'의 유사 형태). 이러한 표기는 가독성

을 희생시키면서까지 외부인의 진입을 차단하는 정보의 장벽을 세운다.
이는 마치 비밀 결사대의 암호와 같아서, 이를 해독할 수 있는 내부자들
에게는 강한 소속감을, 해독하지 못하는 외부자들에게는 소외감을 부여
한다.

2. 감정의 인플레이션: "더 격하게, 더 세게" (감정 표현의 다용)

입력어(打ち言葉)인 디지털 텍스트 커뮤니케이션에는 표정, 억양, 몸짓과
같은 비언어적 정보(Paralanguage)가 결여되어 있다. 텍스트만으로는 "맛있
다"가 진심인지, 빈말인지, 비꼬는 것인지 알기 어렵다. 따라서 젊은 세대는
자신의 감정을 명확하게 전달하기 위해, 그리고 대화의 재미를 위해 과장되
고 격한 표현을 선호하게 된다.

· 강조 접두사의 진화:
    - 超(초, 쵸[ʦoː]): 전통적인 강조어. "초 대박(超ヤバい)"처럼 쓰인다.
    - 激(격, 게키[*geki*]): "격하게 맛있다(激うま, 게키우마)". 한국의 '개맛있
      다', '존맛'에 해당하며, 감정의 강도를 한 단계 높인다.
    - 鬼(귀, 오니[*oni*]): 본래 '귀신'을 뜻하지만, 접두사로 쓰이면 '무서울 정
      도로', '미친 듯이'라는 뜻이 된다. "오니 카와이(鬼可愛い, 미친 듯이 귀
      엽다)"처럼 쓰인다.
    - 神(신, 카미[*kami*]): 인간의 영역을 넘어선다는 최상급 표현이다.

특히 '카밋테루(神ってる, 카밋테루[*kamitteru*])'는 이러한 감정 인플레이션의
정점을 보여준다. 2016년 유행어 대상을 수상한 이 말은, 히로시마 카프 야구
단의 스즈키 세이야 선수의 2경기 연속 끝내기 홈런 활약을 오가타 코이치 감
독이 "요즘 세이야는 신들렸다(神がかっている)"라고 표현한 것에서 유래했

다. 젊은 세대는 명사 '신(神)'에 진행형 어미 '~테루(~ている)'를 붙여 동사화함으로써, "신들린 활약을 하고 있다", "신의 경지에 있다"는 역동적인 뉘앙스를 만들어냈다. 이는 기존의 형용사로는 표현할 수 없는 벅찬 감동이나 놀라움을 전달하기 위한 언어적 전략이다.

3. 상처받지 않으려는 몸부림:
단정 회피와 모호성을 통한 "애매모호함의 미학"

젊은 세대들은 또래 집단 속에서의 감정 표현은 '격하게(激)' 하는 반면, 역설적이게도 자신의 의견이나 상태를 타인에게 단정 지어지는 것(斷定)은 극도로 꺼리는 이중적인 태도를 보이곤 한다. 이는 타인과의 갈등을 피하고 책임을 회피하려는 '사토리 세대(悟り世代, 사토리세다이[*satori sedai*])[*]'의 방어 기제이자, SNS 상에서의 '炎上(조리돌림/악플, 엔조[*endʑoː*])'에 대한 공포가 만들어낸 생존 화법이다.

- 一応(일단, 이치오[*itɕioː*]): 예를 들어 "무슨 일 하세요?"라는 질문에 학생이 "일단은 학생입니다(一応、学生です)"라고 답한다. 학생이라는 신분은 명확한 사실임에도 굳이 '일단은'을 붙이는 심리는 무엇일까?
  - 겸손과 자기 방어: "제대로 된 학생은 아니지만", "성적은 별로지만"이라는 의미를 내포하여 타인의 평가에 대한 기대치를 낮춘다.
  - 미래의 불확실성: "지금은 학생이지만 언제 그만둘지 모른다", "이게 나의 전부는 아니다"라는 여지를 남긴다.
  - 대화의 차단: "더 이상 깊게 물어보지 마세요"라는 거절 신호로 작용한다.

---

[*] 득도(깨달음)한 세대 '사토리(悟り)'는 불교 용어로 '깨달음/득도'를 뜻한다. 마치 속세의 번뇌에서 벗어나 해탈한 승려처럼, 물질적인 욕망이나 출세에 대한 집착이 없는 '일본의 젊은 세대를 지칭하며, 주로 1980년대 후반~1990년대 태생이다. 장기 불황(잃어버린 20년) 속에서 성장하며, "노력해도 계층 이동이 어렵다"는 것을 학습했기 때문에, 욕망 자체를 줄이는 방식으로 적응 진화한 세대.

・~みたいな(~같은, 미타이나[*mitaina*]): "취미가 뭐야?"라는 질문에 "축구입니다"라고 답하지 않고, "축구 같은 것(サッカーみたいな)"이라고 답한다. 이는 자신의 취향을 확정 짓는 것에 대한 부담감을 드러낸다. 만약 "축구 좋아해"라고 했다가 상대방이 축구 전문가라서 깊은 대화를 시도하거나, 혹은 축구를 싫어하는 사람이라서 비판을 받을 경우를 미리 차단하는 것이다.

・~的な(~적인, 테키나[*tekina*]): "나로서는(私的には, 와타시 테키니와)"이라며 주어를 모호하게 만들어 반론의 여지를 줄인다. "이건 내 개인적인 생각일 뿐이니 공격하지 말라"는 방어막이다.

이러한 '보카시(ぼかし, 흐리기) 전략'은 경쟁 사회에서 도태된 박탈감, '노력해도 안 된다'는 무력감, 익명 뒤에 숨은 악플로 상처 받기 싫다는 자기 보호 본능, 그리고 타인의 시선에 극도로 민감한 일본 젊은 세대의 내면 풍경을 투영하고 있다. 이는 커뮤니티 게시물에서 자신의 주장을 하되 갈등을 회피하고자 말미에 '반박시 님말이 맞음'과 같은 문장을 붙이는 한국 젊은 세대의 태도와 일맥상통하는 부분이 있다.

4. 어휘의 빈곤 혹은 창조?: 형용사의 대체

기성세대는 젊은 세대가 "어휘력이 부족해서 이상한 말을 만든다"고 비판한다. 실제로 일본어는 고유어 형용사가 상대적으로 부족한 언어이기도 하다. 그러나 젊은 세대의 입장에서 보면, 기존의 정형화된 형용사만으로는 복잡미묘한 현대의 감정과 상황을 디테일하게 묘사하기 어렵다. 이에 그들은 명사를 동사화하거나 새로운 조어를 통해 형용사의 기능을 대체한다.

・ハムってる(하뭇테루[*hamutteru*])

- 구조: 햄(Ham) + 하고 있다(teru).

- 이미지: 명절 선물용 햄(Boneless Ham)이 실에 칭칭 감겨 있는 모습을 상상해 보자. 실 사이로 햄의 살이 볼록볼록 튀어나와 있다.

- 용법: 꽉 끼는 바지를 입어서 허리 살이 바지 위로 삐져나온 상태, 혹은 셔츠의 단추가 터질 듯이 벌어진 상태를 묘사하는 말이다.

- 의의: "살쪘다"거나 "옷이 작다"는 직설적인 형용사 대신, '하뭇테루'라는 시각적이고 유머러스한 동사를 사용함으로써 상황을 희화화하고 듣는 사람에게 생생한 이미지를 전달한다. 이는 어휘력의 빈곤이 아니라, '관찰력의 승리'이자 '표현의 확장'이라 볼 수 있다.

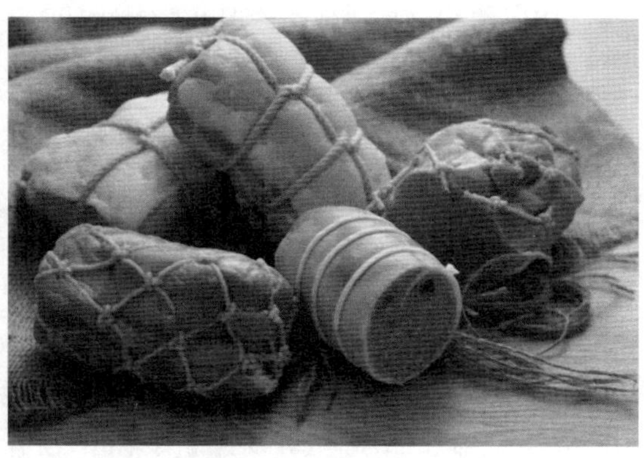

그림 실에 꽁꽁 묶인 햄처럼 삐져나온 살이 하뭇데루(ハムってる)

· エモい(에모이[*emoi*])

- 어원: 영어 'Emotional'에서 유래했다.

- 용법: '슬프다', '감동적이다', '아련하다', '센치하다', '그리운 느낌이다', '분위기 있다' 등 말로 딱 잘라 형용할 수 없는 감정적 고양감을 뭉뚱그려 표현하는 만능 형용사다.

- 비판과 옹호: 모든 감정을 '에모이' 하나로 애매모호하게 표현한다는 비판도 있지만, 현대 사회의 복합적인 감정(기쁘면서도 슬픈, 낡았지만 세련된)을 직관적으로 전달하는 가장 효율적인 도구이기도 하다.

젊은 세대가 바라보고 있는 풍경

이번 장에서는 일본 젊은 세대 언어인 '와카모노코토바'의 정의와 사회적 위상, 그리고 구체적인 사례와 발생 원인을 심층적으로 살펴보았다. 와카모노 코토바는 단순히 유행을 좇는 가벼운 말장난이나 국어의 파괴가 아니다. 그 것은 다음과 같은 다층적인 의미를 지닌다.

- 기술적 유희: 스마트폰 입력 방식(IME)과 디지털 텍스트 환경을 놀이의 도구로 승화시킨 창의성의 산물이다. 예시 - 혼마니(ほんmoney), 갸루(ギャル) 문자.

- 사회적 코드: 파편화된 개인들을 '우리'라는 울타리로 묶어주는 집단 정 체성의 확인 기제다. 예시 - 시젠 카이와이(自然界隈), 노리(ノリ).

- 심리적 방패: 불확실한 미래와 타인의 시선으로부터 상처받기 쉬운 내면 을 보호하려는 방어 기제다. 예시 - 카에루카 겐쇼(蛙化現象), 이치오(一 応), 미타이나(~みたいな).

기성세대가 이와 같은 와카모노코토바(若者言葉)를 '요즘 애들의 문해력 저하'로만 치부한다면, 그 속에 담긴 젊은 세대의 고뇌와 욕망, 그리고 그들이 바라보는 세상의 풍경을 놓치게 될 것이다. 언어는 존재의 집이다. 그들의 언 어가 불안정하고, 축약되며, 모호하다면, 그들이 살고 있는 세상 또한 그만큼 불안정하고 예측 불가능하기 때문일 것이다.

이어지는 제7장에서는 이러한 젊은 세대 언어가 현실 세계를 넘어 대중문화 콘텐츠 속에서 어떻게 캐릭터의 성격을 규정하는 '역할어'로 기능하는지, 그리고 미디어와 현실 세계 사이에서 언어가 어떻게 상호작용하며 순환하는지를 '츤데레', '오타쿠' 등의 사례를 통해 더욱 깊이 있게 탐구해 보자.

제7장

젊은 세대 언어, 와카모노코토바(若者言葉) II

변화하는 사회, 변화하는 언어

언어는 사회를 비추는 가장 정직한 거울이다. 특히 사회의 변화에 가장 민감하게 반응하며 새로운 문화를 가장 먼저 흡수하는 '젊은 세대(若者, 와카모노[*wakamono*])'의 언어는 그 시대의 대중문화와 사회적 가치관을 적나라하게 보여주는 지표가 된다. 앞선 장에서는 젊은 세대 언어의 정의와 언어학적 구조에 대해 살펴보았다. 이어지는 본 장에서는 일본의 고도 경제 성장기부터 현대의 디지털 네이티브 세대에 이르기까지, 젊은 세대의 언어가 시대별로 어떻게 변천해 왔는지 그 역사를 심층적으로 추적한다.

우리는 흔히 신조어나 유행어를 일시적인 현상으로 치부하기 쉽다. 그러나 와카모노코토바(若者言葉, 젊은 세대 언어)의 역사를 되짚어보면, 이는 단순한 말장난이 아니라 일본 사회의 경제적 부침, 가족 구조의 변화, 미디어의 발달, 그리고 세대 간의 갈등과 화해가 빚어낸 거대한 문화적 산물임을 알 수 있다. 이 장에서는 다양한 문헌 자료를 가지고, 1960년대의 '청년 문화'에서부터 2020년대의 '界隈(계, 카이와이) 문화'에 이르기까지 일본 젊은 세대 언어의 계보를 사회학적 관점에서 알아보자.

고도 경제 성장과 청년 문화의 태동 (1960년대~1970년대)

1. '젊은 세대'의 사회적 발견

일본에서 '젊은 세대'가 독자적인 문화 향유 계층이자 소비의 주체로 주목

받기 시작한 것은 1960년대 고도 경제 성장기와 그 궤를 같이한다. 전근대 농경 사회나 근대 초기까지만 해도 일본 사회의 중심은 가부장적인 기성세대에게 있었다. 농경 사회의 특성상 노동력으로서의 가치는 인정받았으나, 의사결정권이나 구매력은 미미했다.

그러나 1960년대에 접어들며 상황은 급변한다. 전후 베이비붐 세대가 청소년기로 접어들면서 일본은 인구 구조상 '젊은 국가'가 되었다. 경제적 풍요는 교육의 기회를 확대했다. 1960년대 일본의 고교 진학률은 70%를 넘어섰고, 대학생 수는 100만 명을 돌파했다. 이는 '학생'과 '젊은 지식인'이라는 거대한 식자층의 등장을 의미했다. 이들은 과거와 달리 강력한 구매력을 갖춘 소비 주체로 부상했으며, 기성세대의 권위에 도전하고 자신들의 목소리를 낼 수 있는 오피니언 리더로서 사회적 영향력을 확대해 나갔다.

2. '근성(根性)'과 '노력(努力)'의 언어

1960년대 후반에서 1970년대 전반까지 일본 사회를 지배한 키워드는 노력(努力, 도료쿠[*doriokɯ*]), 근성(根性, 콘조[*kondzoː*]), 땀(汗, 아세[*ase*]), 진지함(真面目, 마지메[*madzime*])이었다.

· 집단 취직과 '황금알'

당시 일본 지방에서는 중학교나 고등학교를 졸업한 학생들이 기차를 타고 도쿄나 오사카 등 대도시의 공장이나 기업으로 단체 취직을 떠나는 '집단 취직(集団就職)' 열풍이 불었다. 이들 젊은 노동력은 "황금알(金の卵, 킨노타마고[*kinnnotamago*])"이라 불리며 일본 경제 성장의 핵심 동력이 되었다. 이들에게 요구된 미덕은 개인의 개성이나 즐거움보다는 집단을 위한 희생과 성실함, 그리고 어떠한 역경도 이겨내는 '근성'이었다.

그림 중고등학교를 졸업하고 60년대 집단 취직을 위해 우에노역(上野駅)에 상경한 졸업생들

· 스포콘(スポ根) 문화의 유행

이러한 사회적 분위기는 대중문화 콘텐츠, 특히 만화와 애니메이션에 그대로 투영되었다. 1966년부터 1971년까지 연재된 야구 만화 『거인의 별(巨人の星, 교진노호시[kiodzinnnohoɕi])』은 이 시대를 상징하는 '스포콘(スポ根, 스포콘[suɯpokoN])' 장르의 대표작이다.

<만화 거인의 별(巨人の星)과 60 ~ 70년대>

대중 콘텐츠	거인의 별 (巨人の星)
장르	스포콘 = 스포츠 + 근성(根性. 콘조)
주인공	호시 휴마 (星飛雄馬)
특징	신체적 열세, 가난, 고난
성공 요인	피와 땀, 가혹한 훈련, 근성(根性)
아버지상	가부장적, 폭력적, 꿈의 강요, 밥상 뒤집기
사회적 배경	고도 성장기, 집단주의, 멸사봉공(滅私奉公)

주인공 호시 휴마는 신체적 열세를 극복하기 위해 가부장적인 아버지의 혹독한 훈련을 견뎌내며, "하면 된다"는 정신으로 요미우리 자이언츠에 입단

한다. 당시 젊은이들은 이러한 '근성 세대(ど根性世代)'를 자처하며, 땀과 눈물을 미화하는 언어들을 유행시켰다.

그림 (좌) 거인의 별의 메이저리그 특훈 장치 / (우) 근성세대의 대표만화, 거인의 별(巨人の星)

그림 밥상을 뒤엎으며 따귀를 때리는 가부장적인 휴마의 아버지의 피규어 - 『거인의 별(巨人の星)』

3. 일탈과 소외의 언어: '족(族)'의 등장

한편, 고도 성장의 그늘에서 주류 경쟁에서 밀려나거나 기존 질서에 반항하는 젊은이들을 지칭하는 용어로 ~족(族, 조쿠[zoku])이라는 접미사가 유행했다.

- 窓際族(마도기와족, 마도기와조쿠[madogiwazoku])

1977년 6월 홋카이도 신문 칼럼에서 처음 등장한 말이다. 직장 내 승진 경쟁에서 밀려나 중요한 업무를 맡지 못하고, 창가(窓際) 자리에 앉아 신문이나 보며 정년을 기다리는 중년 샐러리맨을 가리킨다. 이는 종신고용제도 하에서 해고는 되지 않으나 조직 내에서 소외된 계층을 자조적으로, 혹은 젊은 세대가 비판적으로 부르는 용어였다.

- みゆき族(미유키족, 미유키조쿠[mijukizoku])

1964년 도쿄 올림픽을 전후하여 도쿄 긴자(銀座)의 미유키 거리(みゆき通り)에 모여들던 패션 피플들을 지칭한다. 이들은 밴(VAN) 브랜드의 종이봉투를 들고 아이비 룩(Ivy look)을 입으며 거리를 배회했다. 당시 기성세대와 경찰은 이들을 생산적인 활동을 하지 않고 풍기를 문란하게 하는 불량 집단으로 간주하여 단속하기도 했다. 이는 일본 최초의 스트리트 패션 문화이자, 기성세대의 가치관에 저항하는 젊은 세대의 서브컬쳐(Subculture)가 형성되기 시작했음을 알리는 신호탄이었다.

가치관의 대전환: '노리(ノリ)'와 소비의 시대(1980년대~1990년대)

1970년대 후반을 지나 1980년대와 90년대에 접어들면서 일본 사회는 풍요 속에 또 다른 국면을 맞이한다. 경제적 풍요가 일상화되면서 헝그리 정신은 쇠퇴했고, 과도한 입시 경쟁과 획일적인 사회 분위기에 적응하지 못하는 젊은이들이 늘어났다. 이에 따라 젊은 세대의 언어는 '진지함'에서 '가벼움'과 '즐거움'으로 그 무게중심이 이동했다.

1. 기성세대의 당혹감: 신인류와 모라토리엄 인간

이 시기 기성세대는 변화한 젊은이들을 이해할 수 없는 존재로 규정하고 새로운 명칭을 부여했다.

- 新人類(신인류, 신진루이[*sindzinrui*])

1980년대 중반, 기존 세대와는 전혀 다른 감각과 가치관을 가진 젊은 세대를 '마치 새로운 인류가 출현한 것 같다'는 의미에서 부른 말이다. 경제학자 쿠리모토 신이치로(栗本慎一郎)가 만든 조어로 알려져 있으며, 1986년 유행어 대상을 수상하기도 했다. 이들은 조직에 대한 충성심보다는 개인의 생활을 중시하고, 소비문화를 향유하는 데 익숙했다. 야구 선수 구도 기미야스(工藤公康) 등이 대표적인 '신인류'로 불렸다.

- モラトリアム人間(모라토리엄 인간, 모라토리아무닝겐[*moratoriamuningen*])

정신분석학자 오코노기 케이고(小此木啓吾)가 1978년 저서 『모라토리엄 인간의 시대』에서 제창한 개념이다. 신체적·지적으로는 성인이지만 사회적 의무나 책임을 유예(Moratorium)하고 어른 사회에 동화되기를 거부하는 심리 상태를 가진 젊은이를 의미한다. 이는 아이덴티티 확립을 미루고 학생 기분에 머물러 있는 당시 젊은이들의 심리를 날카롭게 지적한 용어였다.

2. 탈(脫) 진지함의 언어: '마지(マジ)'와 '노리(ノリ)'

1990년대 이후 젊은 세대 언어의 핵심 키워드는 노리(ノリ, 노리[nori])였다. 본래 음악의 리듬이나 박자를 타는 것을 의미했던 '노리'는 젊은 층 사이에서 '그 자리의 분위기', '흥', '장단'을 의미하는 말로 확장되었다. 대화에서 중요한 것은 내용의 진실성이나 심오한 논리보다는, 그 순간의 즐거운 분위기를 깨지 않고 맞장구치는 것이 되었다.

이러한 맥락에서 마지(マジ, 마지[madzi])라는 단어의 용법 변화가 주목된다.

- マジ(마지[madzi], 정말)
  - 어원: '진지함, 성실함'을 뜻하는 마지메(真面目, 마지메[madzime]).
  - 과거의 의미: "성실하게(마지메니) 공부해라"와 같이 긍정적 가치.
  - 변화된 의미: 90년대 젊은이들에게 '마지메'는 '융통성 없고 재미없는 사람', '분위기 파악 못 하고 진지하기만 한 사람(진지충)'이라는 부정적인 뉘앙스로 변질되기도 했다. "마지메까?(真面目か？ - 왜 그렇게 진지해?)"라는 표현이 이를 대변한다.
  - 새로운 용법: 줄임말인 '마지'는 "마지?(マジ？ - 진짜?)", "마지까요(マジかよ - 맙소사/진짜야?)"와 같이 가벼운 감탄사나 강조어로 쓰이며 대화의 리듬감을 살리는 도구로 정착했다.

3. 대중문화 속 영웅의 변화: 노력형 범인(凡人)에서 즐기는 천재로

이러한 가치관의 변화는 대중문화 콘텐츠, 특히 스포츠 만화의 주인공 설정에서도 명확히 드러난다. 앞서 언급한 60년대 『거인의 별』의 주인공 호시 휴마가 '비극적 영웅'이었다면, 90년대 이후 인기를 끈 야구 만화 『메이저(MAJOR, 메자[*me:dza:*])』의 주인공 시게노 고로(茂野吾郎)는 전혀 달랐다.

<만화 거인의 별(巨人の星)과 메이저(MAJOR) 비교>

대중 콘텐츠	거인의 별(巨人の星)	메이저(MAJOR)
장르	스포콘(스포츠 + 근성)	스포콘(스포츠 + 근성)
주인공	호시 휴마(星飛雄馬)	시게노 고로(茂野吾郎)
특징	신체적 열세, 가난, 고난	압도적인 재능, 야구 센스, 천재
성공 요인	피와 땀, 가혹한 훈련, 근성(根性)	야구 자체에 대한 순수한 열정, 즐거움, 자기주도적 목표
아버지상	가부장적, 폭력적, 꿈의 강요, 밥상 뒤집기	야구는 즐거운 것, 꿈을 좇는 것
사회적 배경	고도 성장기, 집단주의, 멸사봉공(滅私奉公)	풍요로운 사회, 개인주의, 자아실현 중시

고로는 타고난 재능을 가진 '천재'이며, 야구를 고통스러운 수행이 아닌 '즐거움'의 대상으로 받아들인다. 그에게 노력은 외부의 강요가 아닌, "세계 최고가 되겠다"는 자기 주도적인 목표와 야구 자체에 대한 순수한 열정에서 비롯된다. 이는 '근성'보다는 개인의 '재능'과 '즐거움'을 중시하는 신세대의 성공관을 반영한다.

그림 큰 사건은 없다. 다만, 소소한 일상의 계속을 즐길 뿐.

또한, 무거운 서사보다는 일상과 같은 만화처럼 특별한 사건 없이 하루하루를 보내는 소소한 이야기를 다룬 '일상물' 장르가 인기를 끌기 시작한 것도 이 시기다. 『노력하지 않는 편이 성공할 수 있다(がんばらないほうが成功できる)』(池田貴将, 2013)는 역설적인 제목의 책들이 서점에 등장한 것도 같은 맥락이다.

이는 한국 사회의 변화와도 비교해 볼 수 있다. 2000년대 초반 한국 서점가는 『20대, 공부에 미쳐라』(2008), 『아프니까 청춘이다』(2010)와 같이 치열한 경쟁과 노력을 강요하는 자기계발서가 지배적이었다. 그러나 2010년대를 지나면서 『죽고 싶지만 떡볶이는 먹고 싶어』(2018), 『하마터면 열심히 살 뻔했다』(2024)와 같이 소소한 행복(소확행)과 위로를 전하는 도서가 인기를 끄는 현상은 일본의 '유토리(여유) 세대' 등장 및 '사토리(깨달음/득도) 세대' 현상과 유사한 궤적을 보인다.

여성의 사회진출과 버블 경제의 유행어

1980년대 후반 버블 경제기는 일본 역사상 가장 화려하고 소비 지향적인 시기였다. 여성의 사회 진출이 확대되고 경제적 자립도가 높아지면서, 연애와 결혼, 소비 시장에서 여성의 발언권이 강해졌다. 이는 곧바로 남성을 평가하고 분류하는 새로운 유행어의 탄생으로 이어졌다.

1. 남성을 평가하는 척도: '군(君)' 시리즈

당시 젊은 여성들 사이에서는 남성을 용도에 따라 분류하고 명명하는 것이 유행했다. 이는 여성이 관계의 주도권을 쥐기 시작했음을 보여주는 상징적인 현상이었다.

- キープ君(키푸쿤[*ki:pɯkɯɴ*])

'Keep'에서 유래했다. 본명(진짜 결혼하고 싶은 상대)이 나타날 때까지 보험용으로 사귀어 두는 남자를 의미한다. 식사나 데이트 비용을 지불하게 하지만, 결정적인 연인 관계는 아니다.

- アッシー君(앗시쿤[*aɕɕi:kɯɴ*])

'아시(足, 발/교통수단)'에서 유래했다. 여성이 부르면 언제든지 차를 끌고 와서 목적지까지 데려다주는 '운전기사' 역할의 남.

- メッシー君(멧시쿤[*meɕɕi:kɯɴ*])

'메시(飯, 밥)'에서 유래했다. 근사한 레스토랑에서 밥을 사주는 역할만 하는 남자.

- ミツグ君(미츠구쿤[mitsuguku N])

'미츠구(貢ぐ, 바치다/공물하다)'에서 유래했다. 여성에게 명품 선물 등을 바치는 남자.

- パセリ君(파세리쿤[paseriku N])

양식 접시 위에 장식으로 놓여 있지만 아무도 먹지 않는 '파슬리'처럼, 미팅이나 연애 시장에서 아무도 거들떠보지 않고 남겨진 인기 없는 남자를 뜻한다.

2. 3고(三高)와 여성의 욕망

70년대의 3고(三高, 산코[saŋko:])는 버블기에 정점을 찍었다. 고학력, 고수입, 고신장(180cm 이상)을 갖춘 남성은 여성들의 이상형이자 결혼의 절대적인 조건으로 여겨졌다. 이는 당시 일본 사회의 물질만능주의와 상승 지향 욕구를 단적으로 보여준다. 참고로 버블 붕괴 후에는 '3평(3平, 산페이[sampei])' 즉, 평균적인 수입, 평온한 성격, 평범한 외모를 선호하는 것으로 가치관이 바뀌기도 했다.

3. 커리어와 소비: 바리캬리와 샤네라

여성의 사회적 진출 증가와 이에 따른 경제력 향상은 직업관과 명품 소비에 대한 신조어를 낳았다.

- バリキャリ(바리캬리[barikiari])

'바리바리(バリバリ, 맹렬하게)' 일하는 '커리어 우먼(キャリアウーマン)'의 줄임말이다. 연애나 결혼보다 일을 중시하고, 남성과 대등하게 경쟁하며 성취를 이루는 여성을 뜻한다. 반대말로는 일과 생활의 균형을 중시하며 적당히 일하는 'ゆるキャリ(유루캬리[*juurukiari*])'가 있다.

- シャネラー(샤네라[*ɕanera:*])

1990년대 중반, 프랑스 명품 브랜드 '샤넬(CHANEL)'로 머리부터 발끝까지 치장한 사람(주로 여성)을 일컫는 말이다. 브랜드명에 행위자를 뜻하는 접미사 '-er(ラー)'를 붙인 조어법이다. 이후 아무로 나미에의 패션을 따라 하는 '아무라(アムラー)', 마요네즈를 좋아하는 '마요라(マヨラー)' 등으로 파생되었다.

<60년대와 90년대 일본 젊은 여성의 패션 비교>

항 목	1960년대	1990년대 이후
명칭/존재	'미유키족' 등 청년 문화	'갸루' 문화 탄생 및 전성기.
중심지	긴자(미유키도리)	시부야(시부야 109)
패션/스타일	아이비 룩(단정, 세련)	반항적, 과시적 스타일 (태닝 피부, 염색, 통굽, 노출)
미의 기준	서구적이지만 단정한 멋 추구	전통적 미(美)의 기준 파괴 (하얀 피부, 검은 머리 거부)
가치관	새로운 소비문화 동경	기성세대에 대한 반발, 개인주의, 현재의 즐거움 중시
영향력	일부 패션 애호가 중심 단기 유행	사회 전반에 영향을 미친 강력한 하위 문화(Subculture)

서브컬처와 오타쿠의 언어

1990년대 후반부터 2000년대는 인터넷의 보급과 함께 애니메이션, 게임 등 서브컬쳐(Subculture)가 폭발적으로 성장하며 젊은 세대 언어의 지형을 뒤흔들었다.

1. 오타쿠(オタク)와 소외된 자아의 투영

경제적 풍요 속에서도 경쟁에서 도태되거나 인간관계에 피로감을 느끼는 젊은이들은 자신만의 취미 세계로 침잠했다. 1995년 방영된 애니메이션 『신세기 에반게리온(新世紀エヴァンゲリオン)』의 주인공 이카리 신지(碇シンジ)는 내성적이고 대인관계에 서툰 소년으로, '도망치면 안 돼'라고 되뇌이며 끊임없이 도피하고 싶어 하는 당시 젊은이들의 불안한 내면을 대변했다.

그림 만화 『에반게리온(エヴァンゲリオン)』의 주인공 신지(シンジ)

2. 모에(萌え)와 데이터베이스 소비

이러한 흐름 속에서 등장한 것이 모에(萌え, 모에[*moe*])라는 개념이다. 본래 '싹이 트다'는 뜻이지만, 특정 캐릭터에 대한 강렬한 애착이나 불타오르는 감정을 뜻하는 은어로 정착했다. 오타쿠들은 거대한 서사(Narrative)보다는 캐릭터의 속성(데이터베이스)을 소비하기 시작했다.

- ツンデレ(츤데레[*tsundere*])

평소에는 퉁명스럽고(츤츤, ツンツン) 차갑지만, 특정 상황이나 좋아하는 사람 앞에서는 부끄러워하며 따뜻하게(데레데레, デレデレ) 대하는 성격.

- 猫耳(네코미미[*nekomimi*]): 고양이 귀를 한 캐릭터 속성.

이러한 용어들은 처음에는 일부 마니아층의 은어였을지도 모르나, 점차 인터넷을 통해 일반 대중에게까지 퍼져나가며 현대 일본 젊은 세대 언어의 중요한 축을 형성했다.

그림 미소녀의 고양이 귀(猫耳), 고양이 꼬리(猫のしっぽ), 안경(眼鏡), 오드아이(オッドアイ), 메이드 복(メード服), 메카닉 의수(メカニック義手), 니하이(ニーハイ), 만화(漫画) 등등, 오타쿠의 모에(萌え) 요소의 풀세트

'수다스러운 사회'와 현대의 젊은 세대 언어

현대 일본 사회는 젊은 세대의 언어적 특징이 전 세대로 확산되는 경향을 보인다. 이를 언어학자들은 오샤베리 사회(おしゃべり社会, 오샤베리샤카이[oɕaberi ɕakai]), 즉 '수다스러운 사회'라고 명명하기도 한다. 정보의 전달보다는 대화 자체의 즐거움과 공감을 중시하는 사회다.

1. 감정의 극대화와 과장법 (인플레이션)

젊은 세대 언어의 가장 큰 특징은 감정을 솔직하게, 때로는 과장되게 표현한다는 점이다. '매우', '엄청'을 뜻하는 강조 부사의 인플레이션이 그 예이다.

본래 '초능력', '초월' 등에 쓰이는 한자어 접두사였으나, 80년대 이후 超うまい(엄청 맛있다, 쵸우마이[tɕo:umai]), 超かわいい(완전 귀엽다, 쵸카와이[tɕo:kawaii])처럼 형용사 앞에 붙어 최상급의 의미로 쓰인다.

- めっちゃ(메차[metɕa])

본래 간사이(오사카) 방언에서 '무척', '망가질 정도로'를 뜻하는 말이었으나, 개그맨들의 방송 활동을 통해 전국적인 유행어가 되었다.

- 鬼(오니[oni])

'도깨비'라는 뜻이지만, 젊은 층에서는 鬼かわいい(미친 듯이 귀엽다, 오니카와이[onikawaii]), 鬼早い(겁나 빠르다, 오니하야이[onihajai])처럼 정도가 심함을 나타내는 접두사로 쓰인다. 한국어의 '핵(核)-'이나 '개-'와 유사한 용법이다.

이러한 표현들은 입력어와 같이 네트워크상의 텍스트 커뮤니케이션의 감

정의 보조 역할을 수행하지만, 대화의 '노리(ノリ, 분위기)'를 띄우고 상대방의 말에 강하게 공감하고 있음을 보여주는 장치로도 강력하게 기능한다.

2. 갸루 유행어의 트렌드

매년 발표되는 갸루 유행어 대상 등을 통해 최신 경향을 살펴보자면, 여전히 '공감'과 '가벼움'이 핵심 키워드임을 알 수 있다.

① それガーチャー? (소레 가챠?[*sore ga:tɕa:*])

| 의미 | "그거 진짜야?(それガチ？)"와 "정말 미안해"라는 의미를 동시에 담은 표현.

| 해설 | '가치(ガチ, 진심/진짜)'를 변형한 말로, 손가락으로 가리키는 포즈와 함께 사용된다. 사과조차도 무겁지 않고 유쾌하게 넘기려는 2020년대 갸루(Z세대)들의 성향을 보여준다. 1위를 차지했다.

② しらんけど(시란케도[*ɕirankedo*])

| 의미 | "잘은 모르겠지만", "아님 말고".

| 해설 | 간사이 방언의 종조사다. 자신의 주장을 펼친 뒤 마지막에 덧붙여 책임 소재를 흐리고 대화의 여지를 남기는 말버릇이다. 책임지기 싫어하는 현대인의 심리와 맞물려 전국적으로 유행했다.

③ 風呂キャンセル界隈(후로 캔슬 카이와이[*ɸurokianserɯkaiwai*])

| 의미 | '목욕(후로)을 취소(캔슬)하는 사람들(카이와이/계)'.

| 해설 | 씻는 것조차 귀찮아하는 무기력한 일상을 자조적으로 표현한 인터넷 밈이다. 여기서 주목할 점은 '카이와이(界隈, 카이와이[*kaiwai*])'라는 단어의 용법 변화다. 본래 지리적인 '근처, 부근'을 뜻하는 말이었으나(예: 긴

자 카이와이), 최근 젊은 층에서는 특정 취미나 행동 양식을 공유하는 '
무리'나 '집단'을 뜻하는 인터넷 용어로 의미가 변용되었다. '자연계(자
연을 좋아하는 사람들)', '사우나계' 등으로 확장된다.

④ チーム友達(팀 친구, 치무 토모다치[tɕiːmɯ tomodatɕi])

| 의미 | 단순한 친구를 넘어선 끈끈한 유대감을 가진 친구 그룹.

| 해설 | 래퍼 치바 유키(千葉雄喜)의 곡 '팀 친구'에서 유래했다. 힙합 문화의 영
향을 받아 동료애를 강조하는 용어다.

⑤ ジバ(지바[dʑiba])

| 의미 | '지바라(自腹[dʑibara])'의 줄임말. 자기 돈으로 지불함.

| 해설 | "이거 지바(내돈내산)야?"와 같이 쓰인다. 줄임말을 선호하는 젊은 세대
의 특징을 보여준다.

인터넷 기술의 발달과 젊은 세대 언어의 확장 및 '소멸'

앞선 제4장과 제5장에서는 인터넷 문화와 '입력어(打ち言葉)'의 탄생을 다
루었다. 이번 장에서는 이러한 기술의 발전이 역설적으로 '젊은 세대 언어'라
는 카테고리 자체를 어떻게 해체하고 있는지, 즉 '젊은 세대 언어의 소멸' 가
능성에 대해 논의하고자 한다.

1. 기술 의존적 언어의 보편화

과거의 유행어는 구전(口傳)을 통해 특정 학교나 지역(예: 긴자, 시부야, 하라

주쿠)을 중심으로 퍼져나갔다. 그러나 현대의 유행어는 스마트폰과 SNS라는 기술적 기반 위에서 탄생하고 확산된다.

- KY語(KY어)

'空気を読めない(분위기 파악 못 함, 쿠(K)키 오 요(Y)메나이)'의 약자인 KY처럼 로마자 약어를 사용하는 방식은 2000년대 초반 휴대전화(피처폰) 문자 입력의 편의성에서 비롯되었다. kwsk(자세하게, 쿠와시쿠) 등이 대표적이다.

- 트위터(X) 용어

나우(なう/now)(지금 뭐 하는 중), 파보(ファボ, favo)(favorite의 줄임말, '좋아요'를 누르다) 등은 플랫폼의 기능과 직결된 언어들이다.

- ベル友(벨 친구, 베루토모[*berutomo*]) & メル友(메일 친구, 메루토모 [*merutomo*])

1990년대 무선호출기와 휴대전화 메일 기능이 보급되면서, 얼굴을 모르는 상대와 텍스트로만 교류하는 새로운 인간관계가 탄생했다. 이는 현대의 SNS 친구의 원형이다.

그런데 문제는 이러한 디지털 기기와 플랫폼을 젊은 세대만 사용하는 것이 아니라는 점이다. 일본의 인터넷 보급률은 전 세대에 걸쳐 포화 상태에 이르렀다. 스마트폰은 노년층에게도 필수품이 되었다. 따라서 기술 의존적인 신조어는 발생과 동시에 전 세대로 빠르게 전파되거나, 혹은 기성세대가 만든 신조어가 젊은 층으로 역수입되기도 한다.

2. 익명성과 세대 경계의 붕괴

인터넷 공간, 특히 익명 게시판이나 X(구 트위터)와 같은 커뮤니티에서는 화자의 나이, 성별, 직업을 알 수 없다. "wktk(와쿠테카, 기대되서 가슴이 두근거림)"나 "쿠사(草, 쿠사[kusa], 웃음을 의미하는 'www'가 풀처럼 보여서 유래)"와 같은 인터넷 슬랭을 사용하는 사람이 10대 여고생인지, 50대 직장인 남성인지 구별할 방법이 묘연하다. 물론 글에서 풍겨 나오는 분위기가 더러 연령대를 유추할 수 있기는 하나, 이 또한 어디까지나 추측일 뿐이다.

결과적으로 인터넷의 익명성은 언어의 세대적 특수성을 희석시키고, "젊은 세대의 언어는 이미 젊은이들의 전유물이 아니다"라는 명제를 만들어 낸다. 특히 젊음에 대한 동경, 그리고 트렌드에 대한 추종은 기성세대들을 젊은 세대의 언어에 민감하게 만들고, 대량 소비사회의 새로운 소비자로 부상한 젊은 세대들에게 어필하기 위한 방송과 광고 등 기성 미디어의 눈물겨운 분투는 결국 유행에 민감한 젊은 세대들로 하여금 스스로 만든 유행어로부터 멀어지게 만들어 버리기도 한다. 젊은 세대로부터 태어난 많은 신어와 유행어가 아이러니하게도 순식간에 '낡은 것', '아저씨 같은 것'이 되어 사어(死語, 시고[sigo])가 되어버리기도 하는 것이다.

3. 젊은 세대 언어의 미래: 소멸인가, 진화인가?

따라서 현대의 '와카모노코토바'는 과거보다 훨씬 짧은 수명 주기를 갖게 된다. 생성되자마자 SNS를 통해 폭발적으로 확산(Buzz)되고, 기성세대의 유입과 매스미디어의 소비로 인해 빠르게 식상해지며 소멸한다.

따라서 어떤 의미에서 보자면, '젊은 세대만의 비밀스러운 언어'는 점차 소멸하고 있다고 볼 수도 있으며, 대신 그 자리를 '네트워크 언어' 또는 '취향 공동체(界隈, 카이와이)의 언어'가 빠르게 대체하고 있다. 즉, 연령보다는 관심사와 강력한 플랫폼이 언어 사용의 경계를 짓는 새로운 기준이 되고 있는 것이다.

변화하는 일본 사회 속 젊은 세대의 언어

지금까지 일본 젊은 세대 언어의 역사를 훑어보고, 현대에 이르러 나타나는 변화의 양상을 살펴보았다. 1960~70년대의 '근성'과 '노력'의 언어에서 1980~90년대의 '유희'와 '소비'의 언어로, 그리고 2000년대 이후의 '인터넷'과 '공감'의 언어로의 변천은 일본 사회가 걸어온 길과 정확히 일치한다.

<시대 변화에 따른 와카모노코토바(若者言葉)>

시대(년대)	사회적 배경	핵심 키워드	대표 유행어/신조어
1960~70	고도 경제 성장기, 학생 운동, 집단 취직	노력, 근성, 인내	3고(3高), 미유키족(みゆき族), 마도기와족(窓際族), 야바이(やばい, 긍정적 의미 시작)
1980~90	버블 경제, 풍요, 입시 경쟁, 여성 사회 진출	유희, ノリ(노리), 소비, 진지함	신인류, 모라토리엄 인간, 마지(マジ), 초(超), 키프 군, 바리캐리, 샤네라, 갸루어
2000~	인터넷 보급, 장기 불황, 디지털 네이티브	공감, 익명성, 기술의존	KY어, 벨/메일 친구, wktk, 에모이, 시란케도, 소레 가챠?, ~계(界隈)

과거의 젊은 세대 언어가 기성세대에 대한 저항과 세대 간의 단절을 위한 도구였다면, 현대의 젊은 세대 언어는 디지털 네트워크를 통해 전 세대를 연결하거나, 혹은 취향별로 파편화된 부족(Tribe)들을 묶어주는 매개체로 진화

하고 있다. 이처럼 언어는 변화하고 있으며, 그 변화의 최전선에는 언제나 젊은 세대가, 혹은 '젊은 감각'을 지닌 디지털 시민들이 서 있다.

제8장

일본의 역할어(役割語)와 캐릭터 I

가상의 리얼리티, 대중문화를 지배하는 언어의 마법

언어는 단순히 의사소통을 위한 도구가 아니라, 그 언어를 사용하는 주체의 정체성과 사회적 위치를 드러낸다. 특히 만화, 애니메이션, 게임, 라이트 노벨 등 일본의 대중문화 콘텐츠에서 언어는 캐릭터의 생명력을 불어넣는 가장 핵심적인 장치로 기능한다. 우리는 화면 속 인물의 얼굴을 보지 않고 목소리나 대사만 듣고도 그가 꼬장꼬장한 노인인지, 고풍스러운 아가씨인지, 혹은 거친 불량배인지 즉각적으로 파악할 수 있다. 이러한 직관적인 인식이 가능한 이유는 언어에는 정교한 사회언어학적 기제인 역할어(役割語, 야쿠와리고 [*jakuwarigo*])]가 작동하고 있기 때문이다.

역할어는 현실의 일본인들이 실제로 사용하는 언어인 '실제어(Real Language)'와는 구별되는, 허구의 세계에서 통용되는 '가상의 일본어(Virtual Japanese)'이다. 예를 들어, 현대 일본의 거리에서 자신을 [와시(わし, 나[*waɕi*])] 라고 지칭하며 말끝마다 ~자(~じゃ, ~이다[*dza*])를 붙이는 노인을 만나는 것은 매우 드문 일이다. 그러나 만화나 애니메이션 속의 박사님이나 노인 캐릭터들은 약속이나 한 듯 이러한 말투를 구사하며, 독자와 시청자는 이를 전혀 어색하게 느끼지 않고 받아들인다. 이것은 역할어가 일본 사회 내부에서 오랜 역사적 시간을 통해 축적되고 공유되어 온 문화적 코드이기 때문이다.

본 장에서는 일본의 언어학자 킨스이 사토시(金水敏)가 정립한 역할어의 개념을 중심으로, 이 독특한 언어 현상이 어떻게 발생하고 발전해 왔는지를 심층적으로 탐구한다. 구체적으로는 한국의 '해체'와 일본의 '아루요어'의 비교 분석, 에도 시대의 방언이 현대의 캐릭터 언어로 변모한 과정, 그리고 젠더와 번역을 둘러싼 역할어의 정치학에 대해 알아보자. 이는 단순한 언어 분석을 넘어, 일본 대중문화가 타자와 자아, 그리고 사회적 역할을 어떻게 범주화하고 소비하는지를 이해하는 중요한 문화인류학적 시도가 될 것이다.

역할어(役割語)의 정의와 이론적 메커니즘

1. 킨스이 사토시(金水敏)와 '버추얼 일본어'의 정립

'역할어'라는 용어는 2000년대 초반, 오사카 대학의 킨스이 사토시 교수에 의해 처음으로 학문적 정의가 내려졌다. 그는 저서 『버추얼 일본어: 역할어의 수수께끼(ヴァーチャル日本語 役割語の謎)』(2003)에서는 역할어를 다음과 같이 정의한다.

> "특정 어휘나 어법, 억양 등의 언어적 특징(어휘, 문법, 발음 등)을 들었을 때, 특정 인물상(나이, 성별, 직업, 계층, 시대, 용모, 성격 등)을 즉각적으로 떠올릴 수 있는 경우, 또는 반대로 특정 인물상이 제시되었을 때 그 인물이 사용할 법한 언어적 특징이 자연스럽게 연상되는 경우, 그 언어적 변종을 '역할어'라고 부른다."

이 정의에 따르면, 역할어는 현실의 반영(Reflection)이라기보다는 일종의 스테레오타입에 가깝다. 작가는 캐릭터의 복잡한 배경 설정을 구구절절 설명하는 대신, 특정 역할어를 사용하게 함으로써 독자가 캐릭터의 성격을 직관적으로 파악하도록 유도한다. 이는 정보 전달의 경제성을 극대화하는 동시에, 작품의 몰입도를 높이는 효과적인 서사 전략이이 된다.

2. 스테레오타입과 인지적 범주화

역할어의 작동 원리는 인간의 인지적 특성과 밀접하게 연관되어 있다. 스테레오타입은 특정 집단에 대한 단순화된 지식이나 믿음을 의미하며, 이는 복잡한 사회적 정보를 효율적으로 처리하기 위한 인지적 지름길로 기능한다.

일본어의 역할어는 이러한 스테레오타입을 언어적으로 코드화한 것이다. 예를 들어, '거친 말투'는 '남성성'이나 '하층 계급'과 연결되고, '공손하고 우아한 말투'는 '여성성'이나 '상류 계급'과 연결되는 식이다. 이러한 연결 고리는 실제 현실과는 괴리가 있을 수 있지만, 대중문화라는 거대한 무대 안에서 반복적으로 재생산되면서 사실상 '표준'으로서의 지위를 획득하게 된다.

<실제 일본어와 역할어의 비교 분석>

구분	실제 일본어(Real Japanese)	역할어(Virtual Japanese)
기반	현실의 사회언어학적 실태	대중문화 속의 스테레오타입
다양성	지역, 세대, 개인에 따라 무한히 다양함	전형적인 유형으로 수렴됨
변화 속도	사회 변화에 따라 빠르게 변화함	비교적 느리게 변화하며 고정적임
기능	의사소통 및 정보 전달	캐릭터 성격 부여 및 정보의 압축
예시 (노인)	ワタシは知らないよ (나는 모르지)	ワシは知らんのじゃ (내는 모르는 게야)

위 표에서 볼 수 있듯이, 역할어는 현실의 언어를 단순화하고 과장하여 캐릭터의 속성을 극대화하는 기능을 수행한다. 이는 독자나 시청자가 낯선 캐릭터를 접했을 때, 그가 아군인지 적군인지, 지혜로운 조력자인지 어리석은 방해꾼인지를 빠르게 판단할 수 있게 도와주는 네비게이션 역할을 하기도

한다.

타자의 언어: '해체'와 '아루요어'의 비교 분석

역할어의 기능이 가장 선명하게 드러나는 지점은 바로 '외국인'을 묘사할 때이다. 언어는 '우리'와 '그들'을 구별하는 가장 강력한 표지이며, 일본어와 한국어는 각기 다른 방식으로 타자, 특히 중국인을 언어적으로 형상화해 왔다. 다음과 같이 한국의 '해체'와 일본의 '아루요어(アルヨ言葉)'는 이 두 문화권이 타자를 인식하고 재현하는 방식의 유사성과 차이를 보여주는 흥미로운 사례다.

1. 한국어의 역할어: '해체'와 띵호와 주방장

추억의 플래시 게임 '띵호와 주방장'의 대사는 한국어권 대중문화에서 통용되는 중국인 역할어의 전형을 보여준다.

그림 띵호와 주방장 ©세이하이키즈(2005~2009)

여기서 문장 끝마다 반복적으로 사용되는 종결어미 "~해"는 한국인들에게 즉각적으로 '중국인' 혹은 '중국집 주방장'의 이미지를 환기시킨다. 이를 흔히 '해체'라고 부르는데, 정작 중국인들이 한국어를 학습할 때 모든 문장을 "~해"로 끝내는 일은 없다. 그러나 현실과 달리 한국의 대중문화, 특히 코미디 프로그램이나 만화 등에서는 이것이 중국인다움을 나타내는 필수적인 요소로 견고하게 자리 잡고 있는 것이 사실이다. 그렇다면, 이와 같은 '해체'는 어디에서 온 것일까? 여기에 대해서는 다양한 가설이 존재한다.

- 화교의 한국어 습득 과정설

개화기 이후 한국에 정착한 화교들이 한국어의 복잡한 경어법(하십시오체, 해요체, 해체 등)을 습득하는 과정에서, 가장 범용성이 높고 형태가 단순한 '해요체'의 어간 '해'만을 따와 사용한 것이 굳어졌다는 설이다.

- 문법적 간섭설

중국어에는 존칭과 평어의 구분이 한국어처럼 엄격한 문법적 형태로 나타나지 않는다. 이에 따라 한국어의 존비어 체계를 무시하거나 단순화하는 과정에서 "~해"라는 형태가 선택되었다는 분석이다.

'띵호와'라는 이름 자체도 중국어, 팅하오아(挺好啊[$t^h i \eta$ xau a)] 즉, "아주 좋다"라는 뜻의 구어체 표현이 한국어의 음운 체계 안에서 변형되어 고유명사처럼 굳어진 사례다. 이러한 '해체'의 사용은 한국 사회가 중국인을 친근하면서도 다소 희화화된 타자로 소비하는 방식을 반영한다.

2. 일본어의 역할어: '아루요어(アルヨ言葉)'의 형성과 역사

한국어의 '해체'에 대응하는 일본어의 역할어가 바로 아루요어(アルヨこと
ば, 아루요코토바[*arujo kotoba*])]이다. 예를 들어 일본의 인기 만화·애니메이션
『은혼(銀魂)』의 등장인물 카구라(神樂)는 이 '아루요어'를 완벽하게 구사하는
캐릭터이다.

그림 만화·애니메이션 은혼(銀魂)의 카구라(神樂)의 피규어

카구라는 극중에서 외계 종족인 '야토족'이라는 설정인데, 차이나 드레스
와 만두머리 그리고 말투를 통해 누가 보아도 전형적인 '중국인 소녀'의 스테
레오타입을 연기하고 있다. 특히 그녀가 사용하는 ~아루(アル[*aru*], ~이다), ~

네(ネ[*ne*], ~이다), ~요로시(ㅋロシ[*joroɕi*], ~좋다) 등의 어미는 일본 대중문화에서 중국인 캐릭터를 나타내는 절대적인 기호다.

피진(Pidgin)[*]에서 역할어로: 협화어의 그림자

'아루요어'는 단순한 작가적 상상력의 산물이 아니다. 그 뿌리는 메이지 시대(1868~1912) 개항장 요코하마의 외국인 거류지에서 사용되던 언어와, 1930년대 만주국(満洲国)에서 일본어 보급을 위해 인위적으로 단순화된 협화어(協和語, 쿄와고[*kjo:wago*])에 닿아 있다.

당시 일본어의 복잡한 활용을 어려워한 중국인 노동자나 상인들은 동사 아루(ある, 있다)를 만능 조동사처럼 활용하여 문장을 끝맺었다.

표준어

行きます, 이키마스[*ikimasɯ*], 갑니다

피진/협화어

行くアル, 이쿠 아루[*ikɯ arɯ*], 가다 있다 -> 간다 해

표준어

ないです, 나이데스[*naidesɯ*], 없습니다

피진/협화어

ないアル, 나이 아루[*nai arɯ*], 없다 있다 -> 없다 해

이러한 '피진(Pidgin)' 현상이 일본인들의 귀에 특징적으로 남았고, 이후 대중문화 콘텐츠에서 중국인을 묘사할 때 과장되어 사용되면서 오늘날의 '아루요어'로 정착하게 되었다. 특히 1930년대 만화 『노라쿠로(のらくろ)』 등에 등

---

[*] 피진(Pidgin): 공통된 언어가 없는 두 집단이 무역이나 거래 등을 위해 임시로 만들어 낸 섞인 말. 문법이 단순하고 체계가 잡혀 있지 않은 것이 특징이다.

장하는 중국인 캐릭터들이 이 말투를 사용하면서 광범위한 대중적 인지도를 얻게 되었다.

차별과 캐릭터성의 이중주

역할어로서의 '아루요어'는 이중적인 성격을 지닌다. 역사적으로는 제국주의 일본의 시선에서 타자인 중국인을 '일본어가 서툰 미개화된 존재'로 타자화하고 비하하는 도구로 사용된 측면이 있다.. 그러나 현대의 『은혼(銀魂)』이나 『란마 1/2(らんま1/2)』 등의 작품에서는 이러한 역사적, 차별적 맥락이 상당히 희석되고, 캐릭터의 '개성'이나 '귀여움', 혹은 '독특함'을 강조하는 모에(萌え) 요소로 소비되는 경향이 강하다.

그림 타가와 스이호(田河水泡)의 『노라쿠로 총공격(のらくろ総攻撃)』(1937, 45p)의 아루요어

카구라의 경우, 귀여운 외모와 달리 거친 독설을 내뱉는 캐릭터인데, '아루요어'를 사용함으로써 그 독설이 주는 충격을 완화하거나, 오히려 그 부조화(갭, Gap)를 통해 코믹함을 유발하는 기능을 한다. 이는 역할어가 시대의 흐름에 따라 그 기능과 사회적 함의를 끊임없이 재구성하고 있음을 보여준다.

권위와 연륜의 언어: 박사어(博士語)와 노인어(老人語)

1. 아가사 박사의 언어 분석

만화 『명탐정 코난(名探偵コナン)』(1994)에 등장하는 아가사 히로시(阿笠博士) 박사는 일본어 역할어 중 박사어(博士語, 하카세고[*hakasego*])] 혹은 노인어(老人語, 로진고[*ro:dzingo*])의 가장 완벽한 표본이다. 그의 대사를 분석해 보자.

"オホー旨そうなカレーができた<u>のう</u>(오호, 우마소나 카레가 데키타 노)。"

오, 맛있는 카레가 완성 됐구만 그래.

"そうじゃ<u>のう</u>(소자 노)。"

그러하구만 그래.

"仕方ない<u>のう</u>(시카타나이 노)。

"어쩔 수 없구만.

여기서 나타나는 특징적인 어미 ~노(~のう[*no:*], ~구먼), ~자(~じゃ[*dza*]), ~이다, 와시(わし[*wagi*], 나)는 현대 일본의 표준어 구사자, 특히 도쿄에 거주하는 50대 남성(아가사 박사의 설정 나이는 52세)의 실제 말투와는 거리가 멀다. 현대의 50대 남성은 대개 와타시(私)나 오레(俺)를 사용하며, 어미는 ~다(~だ)나 ~데스(~です)를 사용한다. 그럼에도 불구하고 왜 아가사 박사는 마치 200년 전 사람처럼 말하는 것일까?

2. 에도 시대의 지정학: 지식인은 왜 서쪽 말을 쓰는가?

킨스이 사토시의 연구에 따르면, 이러한 '노인어/박사어'의 기원은 에도 시대(1603~1868)의 언어 지형도에서 찾을 수 있다. 에도(현재의 도쿄)에 막부가 들어서면서 정치적 중심지는 동쪽으로 이동했지만, 문화와 학문, 경제의 중심지는 여전히 서쪽의 교토(京都)와 오사카(大阪)를 아우르 '가미가타(上方)' 지역이었다.

당시 에도의 지식인 계층, 의사, 유학자들은 권위 있고 세련된 언어로 여겨졌던 가미가타 방언(上方方言)을 사용하거나 동경했다. 반면, 에도의 토착민이나 젊은이들은 거칠고 직설적인 에도 방언(江戸方言)을 사용했다. 이러한 사회언어학적 상황이 연극(가부키)과 문학(게사쿠)에 반영되면서, "나이가 많고, 학식이 높으며, 권위 있는 인물"은 가미가타 방언의 특징인 ~자(~じゃ, ~다(だ)의 변형), ~노(~のう, ~네(ね)의 변형), 와시(わし, 나)를 사용하는 것으로 정형화되었다. 즉, '박사어'는 사실상 '낡은 서쪽 방언'의 화석화된 형태인 셈이다.

3. 데즈카 오사무와 현대적 계승

에도 시대에 형성된 이 스테레오타입은 메이지 시대를 거쳐 현대 대중문화로 이어졌다. 특히, 일본의 '만화의 신'이라 불리는 데즈카 오사무(手塚治虫)의 영향은 결정적이었다. 그의 대표작 『철완 아톰(鉄腕アトム)』(1952)에 등장하는 오차노미즈 박사(お茶の水博士)는 전형적인 '노인어/박사어'를 구사한다.

데즈카 오사무가 구축한 이 '박사 캐릭터'의 언어적 원형은 이후 수많은 만화와 애니메이션에 차용되었다. 『사이보그 009(サイボーグ009)』(1964)의 길모어 박사, 『명탐정 코난』(1994)의 아가사 박사, 『포켓몬스터』(1996)의 오키드 박사(오박사) 등은 모두 이 계보를 잇고 있다. 이들은 실제 출신지가 어디든, 실제 나이가 몇 살이든 간에, '박사'라는 역할(Role)을 수행하기 위해 약속된 언어인 '박사어(博士語)'를 입는다. 이는 독자들에게 해당 캐릭터가 지적 권위와 연륜을 갖춘 인물임을 즉각적으로 설득하는 장치로 기능한다.

<'표준어'와 '노인어' / '박사어'의 언어적 특징 비교>

구분	표준어	노인어/박사어	기원 및 특징
1인칭	와타시 (私) / 오레 (俺)	와시 (わし)	서(西)일본 방언 및 남성어
지정사	다 (だ)	자 (じゃ)	에도 시대의 가미가타 방언의 잔재
종조사	네 (ね) / 나 (な)	노 (のう)	상대방의 동의를 구하는 영탄적 어조
부정형	나이 (ない)	누 (ぬ) / 응 (ん)	고어(古語)적 표현 (예: 시란/知らん)
현재진행	테이루 (~ている)	토루 (~とる)	서일본 방언 (예: 싯토루/知っとる)

젠더와 언어: '여성어'와 '남성어'의 사회적 구성

일본어는 세계 언어 중에서도 화자의 성별에 따른 언어적 차이, 즉 '젠더 언어'가 매우 뚜렷하게 나타나는 언어로 알려져 있다. 그러나 역할어 연구는 이러한 성별 언어의 차이 또한 자연 발생적인 것이 아니라, 근대화 과정에서 인위적으로 구축되고 강화된 이데올로기적 산물임을 밝혀내고 있다.

1. "나는 이 마을이 정말 좋아요"의 5가지 변주

다음의 예문은 동일한 의미의 문장이 역할어(인칭대명사와 종결어미)의 차이에 따라 어떻게 전혀 다른 화자를 지시하는지를 극명하게 보여준다. 킨스이(金水) 교수의 실험에 따르면, 5세 정도의 일본 아동들도 이 문장만 듣고 화자의 캐릭터를 거의 완벽하게 구별해 낸다.

> "私はこの町が大好きです。"
>
> 나는 이 마을이 정말 좋아요

① **おれは、この町が大好きだぜ**(오레와 코노 마치 가 다이스키 다 제)。

분 석 1인칭 [오레(おれ, 나)] + 종결어미 [다 제(だぜ, ~라구)].

캐릭터 거칠고 남성적인 젊은 남자, 소년 만화의 열혈 주인공, 양키(불량 청소년).

② あたしは、この町が大好きなのよ(아타시와 코노 마치가 다이스키 나노 요)。

분 석 1인칭 [아타시(あたし, 저/나)] + 종결어미 [나노 요(なのよ, ~란 말이 야)].

캐릭터 부드럽고 친근한 여성, 혹은 전형적인 여주인공.

③ わしは、この町が大好きなんじゃ(와시와 코노 마치 가 다이스키 난 자)。

분 석 1인칭 [와시(わし, 나)] + 종결어미 [자(じゃ, ~이다)].

캐릭터 노인, 박사, 혹은 옛날이야기의 할아버지.

④ ぼくは、この町が大好きさ(보쿠와 코노 마치 가 다이스키 사)。

분 석 1인칭 [보쿠(ぼく, 저/나)] + 종결어미 [사(さ, ~야)].

캐릭터 어린 소년, 혹은 쿨하고 지적인 청년. '보쿠'는 '오레'보다 부드럽고 덜 공격적인 뉘앙스를 준다.

⑤ わたくしは、この町が大好きですわ(와타쿠시와 코노 마치 가 다이스키 데스 와)。

분 석 1인칭 [와타쿠시(わたくし, 저)] + 종결어미 [데스 와(ですわ, ~합니다 와)].

캐릭터 부유한 집안의 영애(아가씨, 오죠사마), 고상하고 품위 있는 여성.

2. '여성어(女性語)'의 탄생: 메이지 여학생과 '테요다와 말'

현대 일본어에서 여성스러움의 상징으로 여겨지는 ~다 와(だわ), ~테요(てよ), ~노 요(のよ)와 같은 말투는 언제부터 시작되었을까? 이 말투의 기원은 메이지 시대(1868~1912) 초기, 당시 신교육을 받던 여학생들이 사용하던 테요다와 말(てよだわ言葉, 테요다와코토바)에서 찾을 수 있다.

흥미로운 점은, 당시 기성세대는 여학생들이 사용하는 이 말투를 두고 "품위가 없고 귀에 거슬린다(耳障り, 미미자와리[*mimizawari*])", "유곽의 여성들이나 쓰는 천박한 말이다"라며 맹비난했다는 사실이다. 즉, 현재는 가장 고상하고 여성스러운 말투로 여겨지는 표현들이, 탄생 초기에는 기성 권위에 저항하는 신세대의 '불량한' 유행어였다. 이 말투가 소설과 잡지 등을 통해 확산되고, 시간이 흐르며 점차 '표준적인 여성어'로 규범화되었고, 오늘날 '기품있는 아가씨 캐릭터'의 역할어로 굳어지게 되었다. 이는 언어의 사회적 가치가 절대적인 것이 아니라 시대에 따라 얼마나 역동적으로 변화하는지를 보여주는 대표적인 사례다.

3. 젠더의 전복과 역설: 『드래곤볼』의 블루 장군

역할어는 때로 캐릭터의 외모와 상반되는 언어를 사용하게 함으로써 의외성을 부여하거나 숨겨진 정체성을 드러내는 도구로 사용된다. 만화 『드래곤볼(DRAGON BALL)』(1984)의 블루 장군(ブルー将軍)이 그 예이다.

블루 장군은 금발 벽안에 건장한 체격을 가진 군인이며, 레드 리본 군의 엘리트 장교이다. 외모만 보면 전형적인 '마초' 남성 캐릭터로 보인다. 그러나 일본어 원작에서 그의 대사는 다음과 같다.

그림 외모는 마초로 보였지만 실제로는 전혀 달랐던 『드래곤볼』의 등장인물, 블루장군의 피규어

그는 문장 끝에 ~와(わ), ~요(よ), ~네(ね)와 같은 여성어 종조사를 빈번하게 사용하며, 1인칭으로 남성적인 오레(俺) 대신 다소 중성적이거나 여성적인 와타시(私)를 사용하기도 한다. 이는 그가 동성애자(게이) 캐릭터임을 암시하는 역할어적 장치, 이른바 오네 코토바(オネェ言葉)이다.

한국어 번역판(특히 초기 번역)에서는 이러한 뉘앙스가 완전히 소거되어, "듣기 싫어!", "처형해라!"와 같은 평범한 남성 군인의 말투로 번역되었다. 이는 당시 한국 사회의 검열이나 정서적 차이를 고려한 의역일 수도 있고, 역할어의 뉘앙스를 타겟 언어로 옮기는 번역의 난이도 때문일 수도 있다. 하지만 결과적으로 한국 독자들은 블루 장군의 캐릭터성 중 중요한 부분인 '오네(オネェ, 동성애자) 속성'과 그가 부하들의 실수에는 냉혹하지만 자신의 외모에는 신경을 쓰는 나르시시즘적 면모의 결합을 놓치게 되었다.

4. 번역과 역할어의 딜레마: 헤르미온느는 왜 '여성어'를 쓰는가?

서양의 콘텐츠가 일본어로 번역될 때도 역할어의 법칙은 강력하게 작용한다. 『해리 포터(Harry Potter)』(1997) 시리즈의 헤르미온느 그레인저(Hermione Granger)는 영어 원문에서는 지적이고 논리적인 표준 영어를 구사하며, 론이나 해리와 비교해 특별히 '여성적인' 어휘를 사용하지 않는다.

그러나 일본어 번역판에서 헤르미온느는 전형적인 역할어의 '마법'에 걸린다.

"そうね。でも、いずれにしても... 追わなくちゃならない<u>わ</u>。"
소우 네. 데모 이즈레니 시테모... 오와나쿠차 나라나이<u>와</u>
(그렇네. 하지만 어쨌든... 뒤쫓아야만 해.)

"確かめるの<u>よ</u>。" 다시카메루노<u>요</u>
(직접 확인하는 거야.)

헤르미온느는 ~와(わ), ~노요(のよ), ~카시라(かしら, ~일까나)와 같은, 현대 일본의 실제 10대 소녀들은 거의 쓰지 않는 고풍스러운 '여성어'를 구사한다. 이는 번역가가 헤르미온느의 '똑똑하고 성숙한 모범생 소녀'라는 캐릭터를 일본 독자들에게 빠르고 효과적으로 전달하기 위해 '전형적인 여성어'라는 역할어를 선택했기 때문이다.

이러한 번역 전략은 캐릭터를 쉽게 이해시키는 장점이 있지만, 동시에 여성을 전통적인 젠더 프레임 안에 가두는 결과를 낳기도 한다. 원작의 헤르미온느가 가진 진취적이고 중성적인 매력이 일본어 번역 과정에서 다소 보수

적인 '여성상'으로 굴절되는 현상은 역할어가 가진 이중적인 기능(정보 전달의 효율성 vs 스테레오타입의 강화)을 시사한다. 최근에는 이러한 '여성어 번역'에 대한 비판적 인식이 대두되면서, 넷플릭스 등의 최신 자막에서는 여성어 사용을 줄이고 중립적인 말투인 데스·마스체(です·ます体)를 사용하는 경향도 나타나고 있다.

역할어의 확장: 인간을 넘어 캐릭터의 영혼으로

1. 비인간 캐릭터의 역할어

역할어는 인간 캐릭터에만 한정되지 않는다. 동물, 외계인, 로봇 등 비인간 캐릭터에게도 고유한 역할어가 부여된다. 이를 캐릭터 어미(キャラ語尾, 캬라 고비)라고도 부른다.

- 고양이

"소다 냥(そうだニャン, 그렇다냥)", "아리가토 고냐이마스(ありがとごにゃいます, 고맙다냥)". 어미에 냥(ニャン)을 붙이거나 '나(な)'행을 '냐(にゃ)'로 발음한다.

- 개

"소다 왕(そうだワン, 그렇다멍)".

- 외계인/로봇

가타카나로만 표기하거나, 조사를 생략하고 기계적인 말투 인 "~데스(で

す)"나 "~삐-(ピー)"를 사용하여 이질감을 표현한다.

이러한 언어적 변형은 해당 캐릭터의 생물학적 속성(고양이, 개)을 끊임없이 상기시키는 장치로 작동하며, 현실 언어의 제약을 넘어선 서브컬처만의 유희적 언어 문법을 형성한다.

2. 개인 고유의 시그니처: 나루토의 "~테바요(でばよ)"

집단적인 스테레오타입(노인, 여성, 중국인)을 넘어, 특정 개인만을 위한 역할어도 존재한다. 애니메이션 『나루토(NARUTO)』(1999)의 주인공 우즈마키 나루토가 사용하는 ~테바요(~ってばよ)가 그 예이다.

> "決めたってばよ!(키메탓 테바요)"
> 결심했다니깐!

~테바요(てばよ)는 표준 일본어 문법에는 없는 표현으로, 나루토라는 캐릭터의 고유한 시그니처이다. 이는 기존의 사회적 스테레오타입에 의존하는 것이 아니라, 작가가 캐릭터의 개성을 부여하기 위해 창조해 낸 새로운 언어 습관이다. 이러한 시그니처 역할어는 캐릭터의 정체성을 확립하고 팬덤 내에서 유행어로서 기능하며 캐릭터 상품성을 높이는 역할을 한다. 해외 번역판에서는 이를 "Believe it!"(영어 더빙 초기) 등으로 의역하여 그 뉘앙스를 살리려 노력하기도 했다.

역할어, 일본 대중문화를 읽는 코드

이번 장에서는 일본의 역할어가 무엇인지 정의하고, 그 발생 원인과 다양한 사례를 통해 그 기능을 살펴보았다. 킨스이 사토시(金水敏)가 제창한 '버추얼 일본어'로서의 역할어는 현실의 언어를 그대로 모사하는 것이 아니라, 사회적으로 축적된 스테레오타입을 활용하여 캐릭터의 정보를 효율적으로 전달하는 고도의 문학적, 사회언어학적 장치라는 것을 확인할 수 있었다.

중국인의 '아루요어', 노인의 '~자/~노', 아가씨의 '~와/~테요' 등은 에도 시대의 방언 대립이나 메이지 시대의 근대화 과정, 그리고 제국주의 시절의 피진어 등 일본의 역사적 경험이 층층이 쌓여 만들어진 지층과도 같다. 이러한 역할어는 대중문화 콘텐츠 속에서 캐릭터의 생명력을 불어넣고, 독자(시청자)와의 소통 비용을 낮추며, 작품의 몰입도를 높이는 데 결정적인 기여를 한다.

그러나 동시에 역할어는 특정 계층이나 인종, 성별에 대한 편견을 고착화할 위험성도 내포하고 있다. 실제로는 존재하지 않는 '가상의 언어'가 미디어를 통해 반복 학습되면서, 역으로 현실의 인식에 영향을 미치는 피드백 루프(Feedback Loop)가 형성되기도 한다. 예를 들어, 일본 대중매체에서 여성 캐릭터가 과도하게 여성어를 사용하는 것은 현실의 여성들에게도 무의식적인 언어적 코르셋으로 작용할 수 있다.

이어지는 제9장에서는 이러한 역할어가 단순히 캐릭터의 '말투'를 규정하는 것을 넘어, '츤데레', '건어물녀', '초식남' 등 캐릭터의 성격 유형(Character Archetypes) 자체를 규정하는 신조어와 유행어로 어떻게 확장되고 발전했는

지를 살펴볼 것이다. 언어에서 시작된 캐릭터의 유형화가 어떻게 소비문화와 결합하여 거대한 '모에(萌え) 데이터베이스'를 형성하게 되었는지, 그 심층적인 메커니즘을 알아 보도록 하자.

제9장

일본의 역할어(役割語)와 캐릭터 II

캐릭터의 언어에서 캐릭터 그 자체로: 언어적 규정의 확장

1. 언어활동에서 인물상 자체의 규정으로

앞선 장에서는 가상의 세계 속 인물들에게 생명력을 불어넣는 언어적 장치인 '역할어(役割語, 야쿠와리고[*jakuwarigo*])'에 대해 살펴보았다. 박사라면 "~자(~じゃ[*dza*])"를, 아가씨라면 "~와(~わ[*wa*])"를 사용하는 이 '버추얼 일본어(Virtual Japanese)'는 독자와 시청자가 복잡한 배경 설명 없이도 등장인물의 속성을 직관적으로 파악하게 돕는 효율적인 기제였음을 확인할 수 있었다. 그러나 현대 일본의 대중문화와 언어생활을 심층적으로 들여다보면, 언어가 캐릭터의 말투를 묘사하는 단계를 넘어, 특정 유형의 인간상(人間像) 자체를 하나의 단어로 정의하고 분류하려는 강력한 경향성을 발견하게 된다. 이것이 바로 본 장에서 다룰 '캐릭터 규정 신어 및 유행어'이다.

역할어가 스테레오타입 인물의 '언어활동'에 초점을 맞춘 개념이라면, 캐릭터 규정 신어는 그 스테레오타입의 '인물상 자체'를 이름 짓고 범주화하는 어휘들이다. 예를 들어, 특정 어미를 사용하는 것이 역할어의 영역이라면, 그러한 말투를 쓰거나 혹은 특정 행동 양식을 보이는 인물을 '츤데레(ツンデレ[*tsundere*])'나 '건어물녀(干物女, 히모노온나[*himono onna*])'라고 라벨링(Labeling)하여 부르는 것이 바로 캐릭터 규정 신어의 영역이다.

이러한 어휘들은 단순히 만화나 애니메이션 속 등장인물을 분류하는 용어를 넘어, 현대 일본 사회의 인간관계와 소통 방식을 투영하는 거대한 사회언어학적 현상으로 자리 잡았다. 일본인들은 왜 타인을, 그리고 심지어 자기 자신을 '캐릭터(キャラ, 캬라[*kiara*])'라는 틀에 가두어 설명하려 하는 것일까? 그

리고 이러한 용어들은 어떻게 서브컬처의 경계를 넘어 일반 대중의 언어생활 깊숙이 침투하게 되었는가? 본 장에서는 일본 사회 특유의 집단주의적 인간관계와 고도로 발달한 콘텐츠 산업이 만들어낸 이 독특한 어휘 체계를 심층적으로 알아보자.

2. 캐릭터와 아이덴티티의 사회학

일본 사회에서 '캐릭터(Character)'라는 단어는 영어 원어의 의미인 '성격'이나 '인격'과는 미묘하게 다른 뉘앙스로 사용된다. 사회학자들과 언어학자들의 분석에 따르면, 일본어의 '캬라(キャラ[kiara], 캐릭터)'는 고정불변의 본래 성격(Persona)이라기보다는, 특정 집단이나 상황 속에서 개인에게 부여되거나 스스로 연기해야 하는 '역할(Role)'에 가깝다.

전통적인 의미의 '성격(Personality)'이 개인이 타고난 고유하고 내적인 기질을 의미한다면, '캬라(キャラ)'는 관계 속에서 형성되는 외면적이고 편집 가능한 자아를 의미한다. 이는 타인과의 관계를 원활하게 유지하기 위해 개인이 선택하여 착용하는 페르소나(Persona)이자 가면과도 같다. 현대 일본의 젊은 세대는 "자신을 찾는" 것보다 "자신의 캐릭터를 설정하는" 것에 더 익숙하며, 이는 복잡한 현대 사회의 인간관계를 단순화하고 관리 가능한 상태로 만들기 위한 전략적 선택이라 할 수 있다.

캐릭터 규정 신어 및 유행어의 탄생 배경: 일본인의 인간관계

일본에서 캐릭터 규정 신어가 폭발적으로 증가한 배경에는 일본 사회 특유의 구조적 특징과 인간관계의 역학이 자리 잡고 있다. 이는 단순한 유행을 넘어, 집단 속에서 생존하기 위한 일본인들의 치열한 심리적 기제가 언어로 표출된 결과이다.

1. 다테 사회(タテ社会)와 갈등 회피의 생존 본능

일본 사회를 설명하는 대표적인 이론 중 하나인 나카네 치에(中根千枝)의 '다테 사회(세로 사회)'론에 따르면, 일본은 집단 내의 위계질서와 소속감이 개인의 정체성을 규정하는 핵심 요소로 작용한다. 이러한 집단주의적 환경에서 가장 중요한 미덕 중 하나는 '와(和, 와[wa])', 즉 조화다. 타인에게 폐를 끼치지 않고(迷惑をかけない, 메이와쿠오 카케나이), 집단의 분위기를 깨뜨리지 않으며(空気を読む, 쿠키오 요무), 갈등을 회피하는 것이 사회생활의 절대적인 규범이 된다.

이러한 숨 막히는 관계의 압박 속에서, 일본인들은 인간관계를 원활하게 유지하기 위한 일종의 처세술이자 생존 본능으로서 '캐릭터'를 도입했다. 자신의 복잡하고 다면적인 본성을 그대로 드러내는 것은 위험 부담이 크다. 자칫하면 타인과 충돌하거나 집단의 '분위기'를 해칠 수 있기 때문이다. 대신, 알기 쉽고 무난한, 혹은 집단 내에서 필요한 특정 '캐릭터'를 가면처럼 쓰고 연기함으로써 안전한 소통을 도모한다.

이 과정에서 자신의 '본분(本分)'과 '입장(立場)'을 명확히 해주는 라벨

(Label)이 필요해졌고, 이것이 바로 캐릭터 규정 신어의 탄생으로 이어졌다. 사람들은 서로를 "저 사람은 진지한 캐릭터(真面目キャラ, 마지메 캬라)야", "나는 덜렁이 캐릭터(ドジっ子, 도짓코)니까 좀 실수해도 용서받을 수 있어"라고 규정함으로써, 상호 간의 기대치를 조절하고 관계의 마찰을 줄인다. 심지어 새로운 집단에 들어갈 때 기존 멤버와 자신의 '캐릭터가 겹치는 것(キャラ被り, 캬라 카부리[*kiarakaburi*])'을 심각하게 고민하는 현상은, 캐릭터가 개인의 개성이 아니라 집단 내에서 점유해야 할 고유한 '포지션'임을 방증한다.

2. 사회적 연기와 유형화된 자아: 부릿코와 이지라레 캬라

이러한 사회적 연기의 메커니즘을 가장 잘 보여주는 사례가 바로 '부릿코(ぶりっ子[*burikko*])'와 '이지라레 캬라(いじられキャラ[*idzirare kiara*])'다. 이 두 용어는 일본의 집단주의 문화 속에서 개인이 어떻게 자신의 위치를 설정하고 타인과 상호작용하는지를 보여주는 극명한 예시이다.

『 ぶりっ子(부릿코[*burikko*]) 』
계산된 순수함의 전략

어원 및 정의

1980년대 초반, 전설적인 아이돌 마츠다 세이코(松田聖子)의 무대 매너와 행동 양식에서 유래했다고 알려져 있다. '~인 체하다'라는 뜻의 동사 振る(부루[*burui*])와 子(아이, 코[*ko*])가 결합된 조어이다. 주로 젊은 여성이 이성의 관심을 끌거나 보호 본능을 자극하기 위해, 혹은 사회적으로 용인되는 '귀여움'을 수행하기 위해 일부러 얌전한 체, 귀여운 체, 모르는 체하며 내숭을 떠는 행동 양식을 가리킨다.

사회적 기능

부릿코는 본심(本音, 혼네)을 감추고 사회적으로 요구되는 '순종적이고 귀여운 여성'이라는 역할을 전략적으로 수행하는 모습이다. 동성에게는 "여우 같다", "계산적이다"라는 비난을 받기도 하지만, 남성 중심적인 사회 질서 안에서 여성이 생존하고 이득을 취하기 위한 고도의 사회적 전략으로 해석되기도 한다. 이는 일본 사회에서 '귀여움'이 단순한 미적 취향을 넘어 권력 관계의 윤활유로 작동함을 시사한다.

『 いじられキャラ

(이지라레캬라[idzirare kiara]) 』

사랑받는 희생양

어원 및 정의

'만지다, 주무르다' 혹은 '괴롭히다'라는 뜻의 동사 '이지루(いじる)'의 수동태인 '이지라레루(いじられる, 괴롭힘 당하다/놀림 당하다)'에 '캐릭터(キャラ)'가 결합된 말이다. 집단 내에서 주도권을 쥐거나 리더가 되지는 못하지만, 타인에게 놀림을 당하거나 가벼운 괴롭힘(태클)을 받는 대상이 됨으로써 집단에 소속되는 인물 유형이다.

사회적 기능

이들은 자신의 약점이나 실수를 웃음의 소재로 제공하며 분위기를 띄우는 '광대' 역할을 자처한다. 겉보기에는 집단 괴롭힘(이지메)의 피해자처럼 보일 수 있지만, 미묘하게 다르다. '이지라레 캬라'는 타인과의 관계를 끊지 않고 유지하기 위해, 스스로를 낮추어 상대방의 우월감을 충족시켜 주거나 집단의 긴장을 해소하는 역할을 수행한다. 이는 부족함이나 실수를 매력으로 승화시켜 조직에 융화되려는, 매우 일본적인 능동적 생존 전략이다. 그러나 이러한 캐릭터가 고착화될 경우, 본인의 의사와 관계없이 지속적인 조롱의 대상이 될 수 있다는 점에서 집단주의의 어두운 면을 내포하고 있기도 하다.

3. 사회 구조의 변화와 새로운 인간상의 출현: 초식남과 육식녀

전통적인 사회 규범이 흔들리고 새로운 가치관이 유입될 때, 기존의 언어로는 설명할 수 없는 새로운 인간 군상이 나타난다. 이들을 포착하고 명명하기 위해 새로운 캐릭터 규정 신어가 탄생한다. 2000년대 중반 등장한 '草食男子(초식남, 소쇼쿠단시[soːɕoku danɕi])'과 '肉食女子(육식녀, 니쿠쇼쿠조시[nikuɕoku dʑoɕi])'는 일본 사회의 젠더 역학 변화를 상징하는 대표적인 사례다.

『草食男子(초식남, 소쇼쿠단시)』
남성성의 재정의

기원

칼럼니스트 후카사와 마키(深澤真紀)가 2006년 「U35 남자 마케팅 도감」과 『헤이세이 남자도감(平成男子図鑑)』(2007)에서 처음 명명한 용어이다. 문자 그대로 '풀을 먹는 남자'라는 뜻.

특징

이들은 연애나 섹스에 적극적이지 않고(성욕이 없다는 뜻은 아니다), 이성에게 인기를 끄는 것보다 자신의 취미나 라이프스타일, 패션 등을 중시한다. 또한 온화하고 평화주의적이며, 이성 친구와도 연애 감정 없이 담백하게 지내는 성향을 보인다.

사회적 배경

이는 고도 경제 성장기를 이끌었던 '기업 전사(Corporate Warrior)'나 가부장적이고 육식적인(공격적인) 남성상과는 정반대되는 개념이다. 장기 불황(잃어버린 20년)으로 인한 경제적 불안정, 종신 고용의 붕괴, 그리고 전통적인 남성성에 대한 피로감이 복합적으로 작용하여 만들어낸 새로운 남성상이다.

『肉食女子(육식녀, 니쿠쇼쿠조시)』
욕망의 주체

기원

초식남의 반대 개념으로 등장했다.

특징

연애와 성취에 적극적이고 주도적인 여성을 지칭한다. 마음에 드는 이성이 있으면 먼저 대시하고, 자신의 욕망을 솔직하게 드러내며, 사회적 성공을 위해 맹렬하게 돌진한다.

사회적 배경

여성의 경제력 향상과 사회 진출이 활발해지면서, 수동적이고 순종적인 '야마토 나데시코(大和撫子, 요조숙녀)'의 틀을 깬 여성들이 등장했음을 알리는 신호탄이었다.

이러한 신조어들은 단순히 개인의 성향을 묘사하는 것을 넘어, 일본 사회의 거시적인 구조 변동을 미시적인 개인의 캐릭터로 환원하여 설명하려는 시도라고 볼 수 있다.

대중문화 콘텐츠와 캐릭터 데이터베이스

사회적 관계 속에서 발생한 캐릭터 유형화는 일본의 거대한 대중문화(Pop Culture) 산업과 만나 폭발적인 시너지를 일으킨다. 만화, 애니메이션, 게임(특히 미소녀 게임과 연애 시뮬레이션), 라이트 노벨 등의 콘텐츠는 수많은 캐릭터를 대량으로 생산하고 소비한다. 이 과정에서 작가와 독자는 효율적인 소통을 위해 캐릭터를 유형화(Typification)하고 라벨링(Labeling)하는 시스템을 구축했다.

비평가 아즈마 히로키(東浩紀)가 그의 저서 『동물화하는 포스트모던(動物化するポストモダン)』(2001)에서 지적한 '데이터베이스 소비(Database Consumption)'가 바로 이것이다. 소비자는 작품의 거대 서사보다는 캐릭터를 구성하는 특정 요소, 즉 '모에(萌え) 요소'들의 조합을 소비하고 즐긴다. 캐릭터 규정 신어는 바로 이 모에 요소들의 집합체에 붙여진 이름표(Tag)이다.

1. 츤데레(ツンデレ): 캐릭터 규정 신어의 아이콘

이러한 현상을 극적으로 보여주는 단어가 바로 '츤데레(ツンデレ[*tsundere*])'이다. 2000년대 중반 인터넷 슬랭으로 부상하여 2006년 '유행어 대상' 후보에까지 오르며 일본 사회 전체를 강타한 이 단어는, 현대 일본 대중문화의 캐릭터 조형 방식을 상징한다.

정의 및 어원

'새침하고 퉁명스러운 모양'을 뜻하는 의태어 '츤츤(ツンツン[*tsuntsun*])'과 '부끄러워하며 들러붙는 모양'을 뜻하는 '데레데레(デレデレ[*deredere*])'의 합성어다. 평소에는 호감이 있는 상대에게 쌀쌀맞게 대하거나 솔직하지 못하게 굴지만(츤, ツン), 단둘이 있거나 특정 계기가 생기면 부끄러워하며 애정을 표현하는(데레, デレ) 이중적인 태도를 가진 캐릭터를 의미한다.

유행과 확장

처음에는 미소녀 게임인 『그대가 바라는 영원(君が望む永遠)』(2001) 등의 커뮤니티에서 사용되던 은어였으나, 애니메이션 『스즈미야 하루히의 우울(涼宮ハルヒの憂鬱)』(2003), 『작안의 샤나(灼眼のシャナ)』(2002), 『제로의 사역마(ゼロの使い魔)』(2004) 등의 인기와 함께 대중화되었다. 성우 쿠기미야 리에(釘宮理恵)가 연기한 캐릭터들이 츤데레의 전형으로 꼽히며, "흥, 딱히 너를 위해 해준 건 아니니까! (べ、別にアンタのためにやったわけじゃないんだから！)"라는 대사는 츤데레의 정형화된 클리셰(Cliché)가 되었다.

심리학적 분석

츤데레의 유행은 인간관계의 불확실성과 상처받기 싫은 현대인의 심리를 반영한다. 상대의 차가운 태도(츤:ツン) 이면에 반드시 나를 향한 애정(데레:デレ)이 숨겨져 있을 것이라는 판타지는, 타인의 거절을 두려워하는 사람들에게 안전한 위안을 제공한다. 또한, 겉과 속이 다른 일본인의 '타테마에(建前, 겉치레)'와 '혼네(本音, 본심)' 문화가 연애 감정의 형태로 변주된 것이라 볼 수도 있다.

2. 파생되는 '데레'의 계보: 유형화의 진화

츤데레가 폭발적인 인기를 끌자, 대중문화계는 이를 벤치마킹하여 다양한 파생형 캐릭터를 양산해냈다. 이는 캐릭터의 성격적 속성을 데이터베이스화하여 조합하는 일본 콘텐츠 산업의 특징을 보여준다. 이른바 '데레' 시리즈의 확장은 인간의 감정을 세분화하고 코드화하려는 시도이다.

- クールデレ(쿠루데레[*ku:rɯdere*])

쿨(Cool) + 데레데레. 평소에는 냉정하고 침착하며 감정 표현이 거의 없지만, 사랑하는 사람 앞에서만 가끔씩 따뜻한 모습이나 부끄러운 모습을 보여주는 갭(Gap)이 매력인 캐릭터. 『신세기 에반게리온』(1995)의 아야나미 레이(綾波レイ)가 원조 격이다.

- ヤンデレ(얀데레[*jandere*])

'병들다(病む, 야무[*jamɯ*])' + 데레데레. 상대를 너무나 사랑한 나머지 정신적으로 병들어버린 상태. 질투와 집착이 극에 달해 스토킹, 감금, 폭력, 심지어 살인까지 저지르는 극단적인 애정 표현을 보인다. 『미래일기(未来日記)』(2006)의 가사이 유노(我妻由乃)가 대표적이다. 이는 순수한 애정이 광기로 변질되는 공포와 매혹을 동시에 자극한다. 얀데레는 단순한 악역이 아니라, 사랑의 과잉으로 인해 파국을 맞는 비극적 히로인으로 소비되기도 한다.

- ダンデレ(단데레[*dandere*])

'침묵(黙り, 다마리)' + 데레데레. 몹시 부끄러움을 타서 평소에는 말을 잘 못하고 조용히 있지만, 친해지면 상냥하고 애교 있는 모습을 보여주는 캐릭터.

- ツンドラ(츤도라[tsundora])

'츤데레' + '드라이(Dry)' 혹은 '툰드라(Tundra)'. 츤데레보다 훨씬 더 차갑고 냉혹한 태도를 보이며, 데레(애정 표현)의 비율이 극히 적거나 툰드라처럼 얼어붙은 태도를 보이는 유형. 『바케모노가타리(化物語)』(2009)의 센조가하라 히타기(戦場ヶ原ひたぎ)가 자신을 지칭하며 사용한 말이다.

3. 건어물녀(干物女): 연애보다 편안함

만화와 드라마 『호타루의 빛(ホタルノヒカリ)』(2004)에서 유래한 '건어물녀(干物女, 히모노온나)'는 20대 후반에서 30대 미혼 여성의 새로운 라이프스타일을 대변하는 단어가 되었다.

정의

직장에서는 세련된 커리어 우먼으로 완벽하게 업무를 수행하지만, 퇴근 후 집에 돌아오면 낡은 트레이닝복(츄리닝)으로 갈아입고 머리를 대충 묶은 채(상투머리), 맥주와 오징어(건어물)를 씹으며 뒹굴 거리는 여성을 뜻한다. 연애 세포가 건어물처럼 바짝 말라버렸다는 의미도 내포한다.

사회적 의의

"연애하는 것보다 집에서 자는 게 더 좋다"고 말하는 그녀들은, 연애지상주의에 지친 현대 여성들의 공감을 얻으며 사회적 신드롬을 일으켰다. 이는 연애가 필수가 아닌 선택이 된 시대상과, 사회적 가면(페르소나)을 벗고 온전한 휴식을 갈구하는 욕망을 반영한다. 또한, 일본 사회가 여성에게 요구하는 '여성다움'의 수행이 얼마나 피로한 일인지를 역설적으로 보여준다.

그림 퇴근 후, 어지러운 방안에서 대충 차려입고 시간을 보내는 건어물녀(干物女)

캐릭터 규정 어휘의 유형별 분석

일본의 캐릭터 규정 신어는 인물의 성격, 외모, 역할 관계 등 다양한 측면에서 세분화되어 있다. 이들 어휘를 분류하고 분석함으로써 일본 대중문화가 인간을 어떻게 유형화하고 소비하는지 구체적으로 살펴볼 수 있다.

1. 인물의 성격을 규정하는 어휘

『 電波系(전파계, 덴파케이[dempakei]) 』

정의

"외계로부터 전파를 수신하고 있다"거나 "전파가 보여서 행동을 조종당한다"는 등의 망상적이고 이해할 수 없는 언행을 하는 사람. 또는 그와 유사하게 4차원적이고 엉뚱한 사고방식을 가진 캐릭터를 의미한다.

배경 및 진화

1980년대 초반, 엽기적인 살인 사건(후카가와 거리 살인사건)의 범인이 "전파가 명령을 내렸다"고 진술한 데서 유래했다는 어두운 기원을 갖고 있다. 그러나 90년대 이후 서브컬처에서는 이러한 병리적 이미지가 희석되고, 라이트 노벨 『전파녀와 청춘남(電波女と青春男)』(2009)과 같이 신비롭거나 종잡을 수 없는 매력을 가진 캐릭터 혹은 독특한 언어를 사용하는 캐릭터로 순화되어 소비된다.

✳

『 **不思議ちゃん**

(후시기짱[ɸɯɕigitɕaɴ]) & 天然(텐넨[tennen]) 』

후시기짱

'불가사의(不思議)'에 귀여운 호칭 '짱(ちゃん)'을 붙인 말. 알 수 없는 독특한 세계관을 가지고 있어 대화가 잘 통하지 않지만, 그 몽환적인 분위기가 매력인 인물. 한국의 '4차원'과 유사하다. 자기애가 강하고 타인에게 무관심한 경향이 있다.

텐넨(보케)

'천연(天然)'이라는 말 그대로, 꾸밈없이 순수하고 맹해서 엉뚱한 실수나 발언을 하는 캐릭터. 계산된 행동(부릿코)이 아니라 본래 타고난 순수함에서 나오는 엉뚱함이 주변을 웃게 만들고 치유해 준다. 일본 예능 프로그램에서 자주 사용되는 캐릭터 유형이다.

✳

『 ドジっ子(도짓코[dodʑikko]) 』

정의

'실수(ドジ, 도지[dodʑi])'를 자주 하는 아이(子). 덜렁이.

특징

아무것도 없는 평지에서 넘어지거나, 접시를 깨뜨리거나, 주문을 잘못 받는 등의 실수를 연발한다. 그러나 그 모습이 짜증스럽기보다는 보호 본능을 자극하고 귀엽게 느껴지도록 묘사된다. 완벽해 보이는 캐릭터가 보여주는 빈틈으로서의 도짓코 속성은 '갭 모에(Gap Moe)'의 일종으로 활용된다. 메이드 카페 등에서 종업원이 실수했을 때 "도짓코라서 죄송합니다"라고 말하며 상황을 무마하는 장치로도 쓰인다.

✳

『 癒し系(치유계, 이야시케이[ijaɕikei]) 』

정의

'치유(癒し, 이야시[ijaɕi])'해 주는 계열. 보는 것만으로도, 혹은 함께 있는 것만으로도 마음이 평온해지고 스트레스가 풀리는 듯한 온화하고 다정한 인물을 가리킨다.

배경

1990년대 후반 버블 붕괴 이후의 각박한 사회 분위기, 옴진리교 사건, 한신 대지진 등의 사회적 트라우마 속에서 대중들이 마음의 안식을 갈구하면서

부상한 트렌드다. 연예인(이이가와 하루카(井川遥) 등)뿐만 아니라 캐릭터(리락쿠마(リラックマ), 타레판다(たれぱんだ)), 음악, 상품 등 전반에 걸쳐 사용된다.

✳

『 中二病(중2병, 츄니뵤[tɕɯːniβjoː]) 』

정의

라디오 진행자인 이주인 히카루(伊集院光)가 1999년 라디오 프로그램에서 처음 제창한 개념으로, 사춘기(중학교 2학년 무렵) 특유의 자의식 과잉, 허세, 콤플렉스, 망상적 행동을 비꼬거나 자조적으로 이르는 말이다. "나는 남들과 다르다"는 믿음에서 비롯된 과장된 행동을 총칭한다.

세부 유형

- 系(도큔계, [dokɯŋkei]): 반항아 흉내를 내며 불량하게 행동하거나, 싸움이나 범죄 경험을 거짓으로 자랑하는 등 '센 척'하는 유형. (DQN은 비상식적이고 불량한 사람을 뜻하는 인터넷 은어).

- サブカル系(서브컬처계, [sabɯkarɯkei]): "나는 남들과 다르다"는 것을 보여주기 위해 굳이 마이너한 취미나 음악을 선호하며 대중적인 것(메이저)을 깔보는 유형. 자신이 특별한 취향을 가졌다고 믿는다.

- 邪気眼系(사기안계, 자키간계[dʑakigaŋkei]): 자신에게 숨겨진 특별한 능력(예: 사기안(邪気眼), 흑염룡(黒炎龍))이 있다고 믿거나 그런 설정을 부여하여 판타지 주인공처럼 행동하는 유형. "크크크… 내 안의 흑룡이 날뛰는군"과 같은 대사가 대표적이다. 애니메이션『중2병이라도 사랑이 하고 싶어!(中二病でも恋がしたい!)』(2011)의 타카나시 릿카(小鳥遊六花)가 이 유형의 대표주자다.

그림 중증의 중2병 증상

『腹黒(하라구로[*haraguro*])』

정의

'배(腹, 하라)'가 '검다(黑, 구로)'. 겉으로는 천사처럼 상냥하고 웃고 있지만, 뱃속(마음속)에는 시꺼먼 꿍꿍이나 독설을 감추고 있는 표리부동한 인물.

매력

단순한 악당이라기보다는, 겉과 속의 극단적인 대비가 주는 반전 매력이나, 답답한 상황을 독설로 뚫어주는 '사이다' 같은 역할을 수행할 때 긍정적으로 소비된다. 소위 '소악마(小悪魔)' 캐릭터와 겹치기도 한다.

2. 외모와 신체적 특징을 규정하는 어휘

『 アホ毛(아호게[*ahoge*]) 』

정의

'바보(アホ, 아호)' + '털(毛, 게)'. 머리카락 한 줌이 정수리나 옆머리에 삐죽 솟아올라 있는 모양. 한국어로는 '더듬이 머리' 등으로 번역되기도 한다.

기능

현실에서는 잠버릇이나 정리되지 않은 머리일 뿐이지만, 만화적 표현에서는 캐릭터의 감정에 따라 움직이거나(기쁠 때 서고, 우울할 때 처짐), 멍하고 엉뚱한 성격(바보 속성)을 시각적으로 나타내는 안테나 역할을 한다.

그림 만화와 애니메이션에서 보이는 다양한 아호게(アホ毛)

✻

『 猫耳(네코미미[*nekomimi*]) 』

정의

고양이 귀. 인간 캐릭터에게 고양이의 귀(때로는 꼬리까지)를 달아준 형태, 혹은 고양이 귀 모양의 머리띠를 한 캐릭터.

의미

고양이의 귀여움, 야성미, 혹은 변덕스러운 성격을 캐릭터에 덧입히는 가장 대표적인 '모에 요소'다. 말끝에 "~냥(ニャン)"을 붙이는 역할어를 동반하는 경우가 많다. 에도 시대의 '바케네코(고양이 요괴)' 전설에서부터 현대의 '캣걸'에 이르기까지 오랜 역사를 가진다.

✻

『 メガネ(메가네[*megane*]) 』

정의

안경. 안경을 쓴 캐릭터.

속성

안경은 단순히 시력 교정 도구가 아니라, 지적임, 성실함, 혹은 차가움(Cool), 때로는 안경을 벗으면 미인이 되는 '봉인구' 등 다양한 속성을 부여하는 아이템이다. '안경 캐릭터(メガネキャラ)'는 하나의 독자적인 장르로 확립되어 있으며, "안경은 얼굴의 일부입니다"라는 말이 있을 정도로 캐릭터의 정체성을 규정한다.

＊

『 ロリ(로리[*rori*]) 』

정의

블라디미르 나보코프의 소설 『롤리타(Lolita)』(1955)에서 유래한 '롤리타 콤플렉스'의 약어. 일본 서브컬처에서는 성적인 의미를 넘어, '어리고 귀여운 소녀 캐릭터' 혹은 '소녀적인 패션(로리타 패션)' 그 자체를 지칭하는 용어로 광범위하게 쓰인다.

확장

'로리'는 나이 어린 캐릭터뿐만 아니라, 성인이지만 체구가 작고 동안인 캐릭터(흔히 '합법 로리'로 표현) 등을 포함하며, 귀여움의 극치를 나타내는 기호로 소비된다.

3. 관계와 정체성을 규정하는 어휘

① 가족 관계형 캐릭터

누나/여동생/남동생 캐릭터 일본 서브컬처에서는 혈연관계가 아님에도 불구하고 가족 관계의 호칭과 그에 따른 역할 기대를 캐릭터에 투영한다.

- 姉さんキャラ(누나 캐릭터, 네산 캬라[*ne:saŋ kiara*])

연상 여부와 상관없이, 남을 잘 챙겨주고 리더십이 있으며 의지가 되는 성숙한 여성상.

- 妹キャラ(여동생 캐릭터, 이모토 캬라[*imo:to kiara*])

보호 본능을 자극하고, 오빠라고 부르며 따르는 귀여운 연하의 여성상.

お兄ちゃん(오빠, 오니짱[oni:t͡ɕaN])이라는 호칭을 사용하는 역할어와 결합된다.

- 弟キャラ(남동생 캐릭터, 오토토 캬라[oto:to kʲara])
모성애를 자극하는 귀엽고 순종적인, 혹은 장난꾸러기 같은 연하 남성상.

② 幼なじみ(오사나나지미[osananadʑimi])
누나/여동생/남동생 캐릭터 일본 서브컬처에서는 혈연관계가 아님에도 불구하고 가족

정의
소꿉친구. 어릴 때부터 함께 자라 서로에 대해 모르는 게 없는 이성 친구.

서사적 기능
연애물에서 전학 온 히로인(이방인)과 대립하여 주인공을 두고 경쟁하는 포지션이거나, 가장 편안하고 안정적인 연애 대상으로 그려진다. 한국 드라마의 '남사친/여사친'보다 훨씬 더 운명적이고 끈끈한 유대감을 내포하는 경우가 많으며, "알고 지낸 시간"이 관계의 정당성을 부여하는 주요 기제로 작동한다.

③ 1인칭에 의한 규정
보쿠코와 오레온나 역할어의 가장 큰 특징인 1인칭 대명사의 사용이 캐릭터의 성격을 규정하는 경우이다.

- ボクっ子(보쿠코[bokɯkko])
남성용 1인칭 대명사인 '보쿠(僕, ぼく)'를 사용하는 소녀. 선머슴 같거나(Tom boy), 중성적인 매력을 어필할 때, 혹은 세상 물정 모르는 순수한 존재임

을 드러낼 때 사용된다. 기존의 여성성에 얽매이지 않는 자유분방함을 상징한다.

- オレ女(오레온나[*oreonna*])

더 거친 남성용 1인칭인 '오레(俺, おれ)'를 쓰는 여성. 매우 강하고 터프하거나, 성별의 구애를 받지 않는 쿨한 성격을 나타낸다.

캐릭터 규정 신어의 유행 매커니즘: 공감과 소비의 선순환

그렇다면 왜 일본 대중문화는 이토록 수많은 캐릭터 규정 신어들을 만들어내고 유행시키는 것일까? 이는 팬덤의 심리, 미디어의 확산력, 그리고 산업적 전략이 맞물려 돌아가는 선순환 구조 때문이다.

1. 유형화(Labeling)를 통한 공감과 유대감

복잡다단한 인간의 성격을 '츤데레'라는 세 글자로 압축하면, 마치 역할어(役割語)처럼 설명 비용이 획기적으로 줄어든다. 팬들은 "이 캐릭터는 츤데레야"라는 한 마디로 그 인물의 행동 원리를 즉각적으로 이해하고 공유할 수 있다. 또한, 이러한 용어를 사용하는 것 자체가 해당 서브컬처의 문법을 공유하는 '우리 편(In-group)'임을 확인하는 암호가 되어, 팬덤 내부의 결속력과 유대감을 강화한다. 이는 일본의 '공기를 읽는(空気を読む), 분위기를 파악하는' 문화와도 연결되는데, 공통의 코드를 공유함으로써 소통의 효율성을 높이는 것이다.

2. 인터넷과 소셜 미디어의 확산력

2채널(2ちゃんねる), 5채널(5ちゃんねる) 등과 같은 익명 게시판, 니코니코 동화(ニコニコ動画), 그리고 트위터(X)와 픽시브(pixiv)는 캐릭터 규정 신어의 인큐베이터이자 확성기다. 팬들은 작품 속 캐릭터의 특징을 잡아내어 신조어를 만들고(생산), 이를 밈(Meme)이나 2차 창작물(팬아트, 소설)로 재생산하며 놀이처럼 즐긴다. 이 과정에서 용어의 정의는 더욱 정교해지고(집단 지성), 특정 작품을 모르는 사람들에게까지 전파되어 일반 명사화된다. 예를 들어, '얀데레(ヤンデレ)'는 처음에는 소수의 오타쿠 용어였으나, 인터넷 커뮤니티를 통해 그 개념이 정립되고 확산되면서 이제는 일반적인 심리 상태를 묘사하는 데에도 쓰이게 되었다.

3. 상업적 활용과 미디어 믹스

팬덤에서 자생적으로 발생한 용어가 인기를 얻으면, 콘텐츠 제작자와 기업은 이를 '역수입'하여 공식 마케팅에 활용한다. "화제의 츤데레 히로인 등장!"과 같은 카피를 내걸거나, 아예 '츤데레 카페', '츤데레 음성 네비게이션' 같은 상품을 기획한다. 나아가 미디어는 이러한 현상을 '최신 트렌드'로 소개하며 기성세대에게까지 확산시킨다. 이로써 서브컬처의 은어였던 '캐릭터 규정 신어'는 사회 전체가 공유하는 '유행어'의 지위를 획득하게 된다. 이는 소비자의 기호를 정밀하게 타격하고 소비를 촉진하는 효율적인 상업적 전략이기도 하다.

4. 스쿨 카스트(School Caste)와 캐릭터 생존 전략

마지막으로 주목해야 할 점은, 이러한 캐릭터 유형화가 학교라는 현실 공

간의 권력 구조와도 깊이 연관되어 있다는 것이다. 스쿨 카스트(スクールカースト, 스쿠루카스토[sɯkɯːrɯkaːsɯto])는 학교 내의 인기나 커뮤니케이션 능력에 따라 학생들 사이에 보이지 않는 계급이 나뉘는 현상을 말한다. 이러한 계급 구조 속에서 학생들은 살아남기 위해(왕따를 당하지 않기 위해) 자신의 '캐릭터'를 설정하고 연기한다. 분위기를 띄우는 밝은 이미지의 陽キャ(인싸/양지 캐릭터, 요캬[joːkia]), 조용해서 존재감이 옅은 空気キャラ(아싸, 쿠키 캬라[kɯːki kiara]), 혹은 いじられキャラ(놀림받는 캐릭터/동네북, 이지라레 캬라[idʑirare kiara])를 자처하는 것은 카스트 하위 그룹으로 떨어지지 않기 위한 필사적인 생존 전략이다. 따라서 캐릭터 규정 신어는 단순한 놀이 문화를 넘어, 일본 젊은 세대가 처한 가혹한 사회적 현실을 반영하는 거울이기도 하다.

캐릭터라는 이름의 가면무도회

제9장에서는 일본의 캐릭터 규정 신어와 유행어가 탄생하고 소비되는 과정을 통해 알 수 있는 바와 같이 일본인들에게 '캐릭터'는 단순한 허구가 아니다. 그들이 연기하고 있는 인간관계 속 캐릭터는 집단주의 사회인 일본에서 타인과의 마찰을 줄이고 원활한 관계를 맺기 위해 개인이 선택하고 연기해야 하는 '사회적 가면'인 동시에, 대중문화 산업에서는 소비자의 기호를 정밀하게 타격하고 소비를 촉진하는 효율적인 '데이터베이스'로 기능하고 있다.

'츤데레'에서 '건어물녀', '초식남'에 이르기까지, 이 다채로운 어휘들은 현대 일본인들이 느끼는 관계의 피로감, 애정에 대한 갈구, 그리고 변화하는 젠더와 사회상을 반영하는 거울이다. 우리는 이 어휘들을 통해 일본의 젊은 세대가 세상을 어떻게 유형화하고, 그 안에서 자신의 위치를 어떻게 설정하려하는지를 읽어낼 수 있다.

이제 우리의 시선은 일본어 내부에서 외부로 향한다. 다음 제10장에서는 일본어의 신조어와 유행어 속 방언이 어떻게 변용되고 새로운 의미를 획득하는지에 대해 알아보자.

제10장

신조어·유행어와 방언의 재발견

중심과 주변의 경계를 허무는 언어의 역동성

언어는 살아있는 유기체와 같아서 끊임없이 생성되고, 변화하며, 소멸한다. 우리가 앞선 장들에서 살펴보았던 일본의 신조어와 유행어, 인터넷 용어, 그리고 젊은 세대의 언어(若者言葉, 와카모노코토바)들은 모두 시대의 변화를 민감하게 반영하는 거울이었다. 특히 디지털 네이티브 세대의 등장은 언어의 생성과 전파 속도를 가속화시켰으며, 기존의 문법적 권위를 해체하고 새로운 소통의 규범을 만들어내고 있다. 이러한 흐름 속에서 우리가 주목해야 할 또 하나의 중요한 언어적 현상이 바로 '방언(方言, 호겐[*ho.geɴ*])'의 재발견이다.

오랫동안 근대 국가의 형성 과정에서 방언은 '표준어(標準語, 효준고 [*hjo:dzɯŋgo*])'라는 강력한 중앙집권적 언어 이데올로기에 의해 억압받고 교정되어야 할 대상으로 치부되어 왔다. 수도 도쿄의 말은 '올바른 국어'로서 권력과 교양의 상징이 되었지만, 지방의 말은 '사투리(訛り, 나마리[*namari*])' 혹은 '방언'이라는 이름으로 촌스러움, 전근대성, 그리고 열등함의 표지로 낙인 찍혔다. 이는 한국 사회에서 서울말이 '표준어'로서 절대적인 지위를 누리며 지방 사투리를 주변화시켰던 역사와 놀라울 정도로 유사한 궤적을 그린다.

그러나 21세기가 초연결 사회로 진입하면서 이러한 표준어와 방언의 위계질서에 균열이 발생하기 시작했다. 미디어 환경의 변화와 개인 미디어의 부상은 중앙과 지방의 경계를 흐릿하게 만들었고, 획일화된 표준어로는 담아낼 수 없는 미묘한 감정과 개성을 표현하기 위해 젊은 세대들은 다시금 방언에 주목하고 있다. 이제 방언은 숨겨야 할 부끄러운 유산이 아니라, 자신을 드러내는 가장 힙(Hip)하고 쿨(Cool)한 문화적 자산이자, 끊임없이 새로운 신조어와 유행어를 공급하는 풍요로운 언어의 보물 상자로 재 평가받고 있다.

본 장에서는 일본어의 '표준어'와 '공통어' 개념의 역사적 변천 과정을 통해 방언이 겪어온 수난과 억압의 역사를 되짚어보고, 대중문화 콘텐츠 속에서 방언이 어떻게 소비되고 왜곡되어 왔는지 '역할어(役割語, 야쿠와리고 [jakuwarigo])'의 관점에서 분석할 것이다. 나아가, '엄청'을 뜻하는 간사이 방언 '멧챠(めっちゃ[mettɕa])'나 책임 회피의 뉘앙스를 담은 '시란케도(知らんけど[ɕiraŋkedo])', 그리고 한국의 '뽀시래기'와 같은 사례를 통해, 방언이 어떻게 지역의 울타리를 넘어 전국적인 유행어로 재탄생하고 있는지를 심층적으로 탐구해 보고자 한다. 이는 단순히 언어 현상을 나열하는 것을 넘어, 현대 일본과 한국 사회가 '다름'을 어떻게 수용하고 '개성'을 어떻게 표현하는지에 대한 사회문화적 통찰을 제공할 것이다.

언어 지형의 정의: 권력, 소통, 그리고 정체성

방언이 신어와 유행어로 소비되는 현상을 이해하기 위해서는, 먼저 일본 사회가 언어를 어떻게 규정하고 관리해 왔는지 그 역사적 배경을 이해해야 한다. 특히 '표준어'와 '공통어'라는 두 용어 사이에 존재하는 미묘하지만 결정적인 뉘앙스의 차이는 일본 근대사와 언어 정책의 변화를 읽어내는 핵심 키워드다.

1. 표준어(標準語): 근대 국민국가와 권력의 언어

'표준어(標準語)'라는 개념은 순수한 언어학적 필요성보다는 근대 국민국가 건설이라는 정치적 목적을 위해 만들어진 개념이다. 메이지 유신(明治維新, 1868) 이후 일본은 서구 열강과 대등하게 경쟁할 수 있는 강력한 통일 국가를 건설하고자 했다. 당시 일본은 수많은 번(藩)으로 나뉘어 있었고, 각 지역의 방언 차이가 너무 심해 의사소통조차 어려운 실정이었다. 심지어 도쿄와 가고시마, 도호쿠 지방의 사람들은 서로의 말을 거의 알아듣지 못할 정도였다. 이러한 상황에서 '하나의 국가, 하나의 국민, 하나의 언어'라는 이념은 국가 통합의 필수 조건이었다.

19세기 말, 일본의 언어학자 우에다 카즈토시(上田万年) 등은 서구의 언어 내셔널리즘에 영향을 받아 '국어(国語, 코쿠고[kokogo])'라는 개념을 주창했다. 이는 일본어를 단순한 의사소통 도구가 아닌, 일본인의 정신(Spirit)과 국가의 정체성을 담는 그릇으로 격상시키는 시도였다. 이에 따라 메이지 정부는 1900년대 초반, 당시 도쿄의 야마노테(山の手) 지역 중류 계급이 사용하는 말을 기반으로 '표준어'를 제정하고, 이를 교육과 미디어를 통해 전국에 보급하기 시작했다.

이때 표준어는 '올바름'과 '규범'의 기준이었으며, 문명개화와 입신출세를 위한 필수적인 도구로 간주되었다. 반면, 각 지역의 방언은 표준어의 보급을 방해하는 장애물이자, 교정되어야 할 '나쁜 말', '틀린 말'로 규정되었다. 표준어는 '국가'와 '중앙', '문명'을 상징했고, 방언은 '지방'과 '주변', '전근대'를 상징하는 이분법적 구도가 형성되었다. 이러한 언어적 위계는 단순히 말의 차이를 넘어, 화자의 사회적 지위와 인격까지 평가하는 척도로 작용했다.

억압의 상징: 방언 명찰(方言札)

이러한 언어적 위계와 표준어 강요 정책은 학교 교육 현장에서 가장 폭력적인 방식으로 나타났다. 그 대표적인 사례가 바로 '방언 명찰(方言札, 호겐 후다[ho:ɡeɴ ɸɯda])'이다. 특히 1879년 일본에 강제 병합된 류큐 왕국(오키나와)과 동북(도호쿠) 지방, 그리고 규슈 일부 지역 등지에서 이 제도가 강력하게 시행되었다.

방언 명찰 제도는 학교에서 방언을 사용하다 적발된 학생에게 '나는 방언을 썼습니다'라고 적힌 나무 팻말(방언 명찰)을 목에 걸게 하는 처벌 방식이었다. 이 명찰을 벗기 위해서는 다른 학생이 방언을 쓰는 것을 적발하여 그 학생에게 명찰을 넘겨주어야만 했다. 수업이 끝날 때까지 명찰을 가지고 있는 학생은 청소 당번을 하거나 체벌을 받는 등의 불이익을 당했다. 이는 어린 학생들에게 방언을 사용하는 것이 수치스러운 일이라는 인식을 심어주었을 뿐만 아니라, 친구들끼리 서로를 감시하게 만듦으로써 언어적 획일화를 강요하는 가혹한 훈육 방식이었다.

오키나와 출신의 한 화자는 구술 역사 인터뷰에서 "학교에서는 표준어를 써야 출세할 수 있다고 가르쳤고, 방언을 쓰면 벌점 태그(방언 명찰)를 목에 걸고 있어야 했다"고 회고한다. 이는 표준어가 권력과 사회적 성공을 상징하는 반면, 방언은 주변부와 낙오를 상징하는 인식이 개인의 내면에 깊이 각인되었음을 보여준다. 방언 명찰은 프랑스의 '심볼(Symbole)'이나 영국의 웨일스 지역에서 사용된 '웨일스 노트(Welsh Not)'와 유사한 식민지적 언어 통제 수단으로, 국가 권력이 개인의 혀를 통제하려 했던 근대의 어두운 단면을 보여준다.

한국의 표준어와 언어적 위계

한국의 경우도 이와 유사한 역사적 맥락을 지닌다. 대한민국 표준어 규정은 "교양 있는 사람들이 두루 쓰는 현대 서울말"로 정의되어 있다. 이는 원활한 의사소통을 위한 기준을 제시한다는 긍정적인 목적에도 불구하고, 정의 자체에 내포된 '교양'이라는 단어로 인해 은연중에 "서울말 = 교양", "지방 말 = 교양 없음"이라는 등식을 성립시켜버렸다.

특히 고도 경제 성장기 동안 서울로 이주한 수많은 지방 사람들은 자신의 사투리를 '고쳐야 할 것'으로 인식하며 서울말을 배우기 위해 노력했다. 대중 매체에서 아나운서와 앵커는 완벽한 표준어를 구사하는 지적인 인물로 그려진 반면, 사투리를 쓰는 인물은 주로 코믹하거나 거친 역할, 혹은 시골뜨기로 묘사되었다. 이러한 서울 중심의 언어관은 지방 방언 화자들에게 언어적 열등감을 심어주었고, 공적인 자리에서는 자신의 모국어인 방언을 숨겨야 한다는 강박관념을 갖게 했다.

2. 공통어(共通語): 소통과 다양성의 인정

제2차 세계대전 패전 이후, 일본 사회에서는 전체주의적이고 억압적인 언어 정책에 대한 반성의 목소리가 높아졌다. 민주주의의 도입과 함께 다양성을 존중하는 사회적 분위기가 형성되면서, '표준어'라는 용어가 내포한 권위주의적이고 강제적인 뉘앙스를 지양하고, 대신 '공통어(共通語, 쿄츠고 [kjoːtsɯːgo])'라는 용어를 사용하자는 움직임이 일어났다.

'공통어'는 규범적 올바름보다는 '상호 이해 가능성'과 '소통의 기능'에 초점을 맞춘 개념이다. 이는 국가가 위에서 아래로 강요하는 규범이 아니라, 서로 다른 방언을 사용하는 화자들이 만났을 때 불편함 없이 의사소통하기 위해 편의상 사용하는 언어 변종을 의미한다. 일본의 국어학자들은 "현실적으로 완벽한 표준어는 존재하지 않으며, 존재하는 것은 도쿄 방언을 기반으로 한 공통어일 뿐"이라고 주장하기도 한다.

이러한 용어의 전환은 방언을 바라보는 관점의 근본적인 변화를 시사한다. 방언은 더 이상 표준어에서 이탈한 '틀린 것'이나 '오류'가 아니라, 단지 지역적 특색을 가진 '다른 것'으로 인정받게 되었다. 공통어의 개념 하에서는 공

적인 자리나 타 지역 사람과의 대화에서는 공통어를 사용하되, 사적인 자리
나 지역 사회 내에서는 방언을 자유롭게 사용하는 '언어적 코드 스위칭(Code-
switching)'이 자연스러운 능력으로 권장된다.

한국에서도 이제는 표준어라는 말보다는 공통어라는 표현에 대한 고민을
해 보아야 할 시점으로 보인다. 이는 언어를 권력의 도구가 아닌 소통의 도구
로 바라보고, 다양한 언어 자원의 공존을 모색하는 현대 사회언어학의 흐름
과 일치한다. 오늘날 일본 대중문화에서 방언이 활발하게 차용되고 유행어로
소비될 수 있는 토양은, 바로 이러한 '공통어' 개념의 확산과 방언에 대한 긍
정적 재평가 위에서 형성된 것이기 때문이다.

그림 '나는 방언을 썼습니다.'라는 명찰을 목에 건 오키나와의 소년

대중문화 속 방언: '역할어'와 고착화된 이미지

방언이 재조명되고 있다고는 하지만, 대중문화 콘텐츠, 특히 드라마, 영화, 애니메이션, 소설 등에서 방언이 소비되는 방식은 여전히 복잡한 층위를 가진다. 여기서 등장하는 핵심 개념이 바로 앞선 장에서 소개했던 '역할어(役割語, 야쿠와리고[*jakuwarigo*])'이다. 역할어는 실제 현실에서 사용되는 언어라기보다는, "특정 캐릭터(인물상)라면 으레 이런 말투를 쓸 것이다"라는 사회적 고정관념(Stereotype)이 투영된 가상의 언어 변종이다. 우리는 이 개념을 통해 미디어가 어떻게 방언을 유형화하고 소비하는지 분석할 수 있다.

1. 일본의 역할어와 방언의 스테레오타입

일본어는 다른 언어와 비교해 볼 때 상대적으로 역할어가 발달한 언어이다. 1인칭 대명사(와타시, 보쿠, 오레, 와시 등)와 어미(~다, ~데스, ~자, ~요 등)의 조합만으로도 화자의 성별, 연령, 성격, 사회적 지위를 즉각적으로 드러낼 수 있다. 이 중에서도 지역 방언은 캐릭터의 성격을 규정하는 가장 강력한 기제로 작동한다.

- 간사이 방언(関西弁, 칸사이벤)

오사카를 중심으로 한 긴키 지방의 방언이다. 대중문화에서는 주로 '코미디언', '상인', '돈을 밝히는 사람', '활기차고 소란스러운 사람'의 역할어로 사용된다. "~야넨(~やねん, ~이냐/이다)", "~헨(~へん, ~않다)" 등의 어미가 특징적이다. 친근하고 유머러스한 이미지를 주지만, 동시에 가볍거나 시끄럽다는 편견을 동반하기도 한다. 이는 일본의 만담(漫才, 만자이) 문화가 간사이 지방을 중심으로 발달했기 때문이기도 하다.

- 도호쿠 방언(東北弁, 도호쿠벤)

일본 동북부 지방의 방언으로, 추운 날씨 때문에 입을 크게 벌리지 않고 말하는 특성 때문에 '즈즈벤(ズーズー弁)'이라고도 불린다. 대중문화에서는 '순박한 시골 사람', '세련되지 못한 사람', '고지식한 사람', 혹은 '노인'의 역할어로 소비된다. "~다베(~だべ, ~지/겠지)", "~즈라(~ずら)" 등의 어미가 사용된다.

- 히로시마 방언(広島弁, 히로시마벤)

영화 『의리 없는 전쟁(仁義なき戦い)』(1973) 시리즈의 영향으로, 일본 대중문화에서 히로시마 방언은 곧 '야쿠자'나 '불량배'의 언어로 각인되었다. "~자켄(~じゃけん, ~니까)", "~와레(~われ, 너/이 자식)"와 같은 거친 어휘와 억양은 캐릭터의 폭력성과 남성성을 강조하는 장치로 쓰인다.

- 교토 방언(京言葉, 쿄코토바)

천년 고도(古都)의 이미지를 반영하여, '전통 있는 가문의 사람', '우아하지만 속을 알 수 없는(ハラグロ, 하라구로) 사람'의 역할어로 사용된다. 겉으로는 부드러운 존댓말을 쓰지만 그 이면에 냉철한 계산이나 비꼬는 의도가 숨겨져 있는 캐릭터를 묘사할 때 효과적이다. 심지어 방언이라 하지 않고 '교토 말(京ことば)'이라고 한다.

- 하카타 방언(博多弁, 하카타벤)

후쿠오카 지역의 방언으로, "~토?(~と？, ~니?)", "~찬(~ちゃん)" 등의 어미가 주는 부드러운 어감 때문에 최근에는 '귀여운 여성 캐릭터'의 역할어로 각광받고 있다.

2. 번역과 방언: 『바람과 함께 사라지다』의 '가짜 도호쿠 방언'

방언이 역할어로 사용될 때 발생하는 문제점은, 그것이 특정 지역 사람들을 타자화하고 부정적인 계급 이미지를 덧씌울 수 있다는 점이다. 가장 대표적이고 논쟁적인 사례가 마거릿 미첼의 소설 『바람과 함께 사라지다(Gone with the Wind)』(1936)의 일본어 번역이다. 이 사례는 번역이 어떻게 원작의 사회적 위계를 타겟 문화(일본)의 방언 스테레오타입으로 치환하는지를 적나라하게 보여준다.

원작 소설에서 흑인 노예들은 '시각적 방언(Eye Dialect)[*]'이라고 불리는 비표준 철자법으로 묘사된 흑인 영어(AAVE)[**]를 사용한다. 이는 그들의 교육 수준이 낮음과 사회적 신분을 드러내는 장치다. 문제는 이를 일본어로 번역하는 과정에서 발생했다. 초기 번역가들은 흑인 노예들의 말투를 일본의 '도호쿠 방언(東北方言, 동북 방언)'과 유사한 말투로 번역했다.

예를 들어, "I don't know nothin' 'bout birthin' babies"라는 흑인 하녀 프리시의 대사를 "オラはあかご産むこと何も知らねだ(쉔네는 아기 낳는 거 앎 것도 모릅니다요)"와 같이 번역하는 식이다. 여기서 사용된 'オラ(오라, 쉔네)', '何も(난모, 암 것도)', '~だ(~다, 다요/존중의 어미로 오용)' 등의 표현은 전형적인 도호쿠 방언, 혹은 그 방언을 흉내 낸 '가짜 도호쿠 방언'이다.

---

[*] 시각적 방언(Eye Dialect)은 언어학 및 문학 비평 용어로, 화자의 출신 성분, 교육 수준, 혹은 특정 억양을 나타내기 위해 철자를 일부러 틀리게 적는 기법. 영미 문학에서 교육 수준이 낮은 인물이나 투박한 인물을 묘사할 때 나타나는데, 예를 들어 Women을 Wimmin으로 적는다. 발음은 둘 다 위민[*wimin*]으로 동일하지만, 철자를 'Wimmin'으로 적으면 화자가 무식해 보이는 효과가 난다.

[**] AAVE는 African American Vernacular English(아프리카계 미국인 원어)의 약자로, 흔히 '흑인 영어'라고 불리는 언어 변이형을 뜻한다. 디지털 공간에서 비흑인(특히 백인이나 타 문화권) 사용자들이 쿨해 보이기 위해 AAVE를 무분별하게 가져다 쓰는 현상을 비판적으로 '디지털 블랙페이스(Digital Blackface)' 혹은 '언어적 전용'이라고 부르기도 한다.

영화 『바람과 함께 사라지다』(1939)의 한 장면에서 "고마리마스다!(こまり
ますだ!, 곤란합니다요!)", "오이라(おいら, 쉰네)", "코와이데스다요(こわいですだ
よ, 무섭구만유)"와 같은 일본어로 번역된 대사가 등장한다. 여기서 '~스다(~す
だ)', '~다요(~だよ)'와 같은 어미는 실제 도호쿠 방언의 문법과도 맞지 않는, 작
위적으로 만들어진 '촌스러움'의 상징이다. 이러한 표현은 실제 도호쿠 지역
사람들이 사용하는 말이 아니라, 도쿄 중심의 시선에서 만들어진 '가상의 시
골말'이다.

그림 영화 『바람과 함께 사라지다』의 주인 아가씨와 노예 유모

이러한 번역 전략은 백인 주인들은 세련된 '표준어'를 쓰고, 흑인 노예들은
촌스러운 '도호쿠 방언'을 쓴다는 언어적 위계를 설정함으로써, 도호쿠 방언
화자들을 '노예', '하층민', '무지한 자'의 이미지와 연결시키는 심각한 부작용
을 낳았다. 이는 방언이 단순한 지역적 차이를 넘어 사회적 신분과 계급을 표
시하는 낙인으로 작용했음을 보여주는 서글픈 사례이다.

3. 한국의 역할어: '다요체'와 사극 속 하인들의 언어

한국의 대중문화에서도 방언은 역할어로서 강력한 기능을 수행한다. 특히 사극(史劇) 드라마나 소설에서 이러한 경향이 두드러진다. MBC 드라마『허준』(1999)이나 여타 사극의 장면들을 살펴보면, 양반이나 의원과 같은 상류층 인물들은 현대 서울말에 가까운 표준어를 구사한다. 반면, 머슴, 주막의 주모, 뱃사공과 같은 하층민들은 출신 지역과 관계없이 정체불명의 방언을 사용한다.

가장 대표적인 것이 바로 '다요체'이다. 문장 끝에 무조건 "~다요", "~요"를 붙이거나, "~구먼유", "~뎁쇼" 등을 사용하는 이 말투는 특정 지역(충청도나 전라도 등)의 방언 특징을 일부 차용했지만, 실제로는 존재하지 않는 가상의 언어다. 박완서의『미망』(1990), 송기숙의『녹두장군』(2008), 김주영의『객주』(1979) 등 유명 소설에서도 하인들의 "못할 겁니<u>다요</u>", "다녀오는 길입니<u>다요</u>", "구몰을 당할 것입니<u>다요</u>"와 같은 대사가 빈번하게 등장한다.

이와 같은 표현들이 바로 "신분이 낮은 하인들이 사용하는 가상의 방언이자 역할어"라고 지적할 수 있다. 주인과 하인이 같은 지역에서 나고 자랐음에도 불구하고, 주인은 표준어를 쓰고 하인은 사투리를 쓴다는 설정은 언어학적 리얼리티를 무시한 것이다. 이는 '표준어 = 지배 계급, 교양', '방언 = 피지배 계급, 무식'이라는 도식을 강화하며, 방언을 신분 구별의 기호로 전락시킨다.

또한 영화『친구』(2001)의 "느그 아부지 뭐하시노?"와 같이 경상도 사투리는 거칠고 남성적인 조폭이나 가부장적인 아버지의 언어로, 전라도 사투리는 영화『타짜』(2006)의 아귀처럼 음습한 범죄자나 해학적인 조연의 언어로 소비되는 경향이 있다. 이러한 '방언 스테레오타입'은 미디어를 통해 재생산되며 대중들의 인식 속에 특정 지역에 대한 편견을 고착화시키는 결과를 초래한다.

신어와 유행어로 재탄생하는 방언

이처럼 오랫동안 '촌스러움'과 '주변부'의 상징이었던 방언이, 최근 인터넷 문화와 소셜 미디어의 발달에 힘입어 새롭게 부상하고 있다. 젊은 세대는 방언이 가진 독특한 어감과 정서적 호소력에 주목하며, 이를 자신의 개성을 표현하는 수단이자 유희의 도구로 적극적으로 활용하고 있다. 이 과정에서 방언은 지역적 색채를 탈색하고 전국적인 '신어'나 '유행어'로 거듭나게 된다.

1. 일본어 사례: 어느새 공통어가 된 방언들 (신 방언)

이노우에 후미오(井上史雄) 교수는 젊은 세대가 사용하는 비표준어형 중에서, 오히려 표준어보다 더 널리 쓰이거나 세력을 확장하고 있는 말들을 '신 방언(新方言, 신호겐[ɕinhoːgeɴ])'이라고 정의했다. 이들은 출신 지역을 넘어 도쿄 등 수도권으로 역수입되어 정착한 케이스다.

- めっちゃ(멧챠[mettɕa])

'매우', '엄청'이라는 뜻의 간사이(오사카) 방언 '메챠쿠챠(めちゃくちゃ)'의 줄임말이다. 1980년대 이후 간사이 출신 코미디언(오와라이 게닌)들이 도쿄 방송에 진출하면서 전국적으로 퍼졌다. 현재는 도쿄의 젊은이들도 일상적으로 "멧챠 오이시(めっちゃ美味しい, 엄청 맛있어)", "멧챠 카와이(めっちゃ可愛い, 완

전 귀여워)"와 같이 사용하며, 이를 방언이라고 인식하지 못할 정도로 보편화되었다. 이는 방언이 '강조 부사'로서 표준어의 빈틈을 메우며 공통어의 지위를 획득한 대표적인 사례다.

- ~じゃん(~쟝[dʑaɴ])

'~잖아', '~지 않아?'라는 뜻의 어미다. 본래는 요코하마를 포함한 가나가와현, 시즈오카현, 야마나시현 일대에서 사용되던 중부 방언(中部方言) 혹은 서관동 방언(西関東方言)이었다. 그러나 1970~80년대 이후 도쿄의 젊은이들 사이에서 폭발적으로 유행하기 시작하여, 지금은 '도쿄 사투리' 혹은 '수도권 젊은이들의 말투'를 대표하는 표현이 되었다. "이이쟝(いいじゃん, 좋잖아)", "스고이쟝(すごいじゃん, 대단하잖아)"과 같은 표현은 이제 일본어 교과서의 회화문에도 등장할 만큼 일반화되었다.

- むかつく (무카츠쿠[mɯkatsɯkɯ])

본래는 '위장이 메스꺼리다', '토할 것 같다'는 생리적인 불쾌감을 나타내는 말이었다. 그러나 현대 일본어, 특히 젊은 층에서는 '화가 난다', '짜증 난다'라는 심리적인 분노를 표현하는 말로 의미가 확장되어 정착했다. 이 또한 간사이 지방(関西地方) 등 서일본 방언(西日本方言)의 용법이 전국으로 확산된 것으로 보는 견해가 있다. 이 단어는 2000년대 이후 젊은 층의 감정을 대변하는 대표적인 신조어적 용법으로 자리 잡았다.

- なまら(나마라[namara])

홋카이도와 니가타현 방언으로 '매우', '정말'을 뜻하는 강조 부사다. 1970~80년대 홋카이도의 라디오 DJ나 연예인들이 방송에서 사용하면서 젊은 층의 유행어가 되었다. "나마라 우마이(なまらうまい, 진짜 맛있다)"처럼 쓰인다. 최근에는 사용 빈도가 다소 줄었으나, 여전히 홋카이도 정체성을 드러내는 대표적인 어휘로 꼽힌다.

2. 방언의 새로운 소비 방식: 유희와 코스프레

방언이 완전히 공통어화되는 것을 넘어, 방언임을 알면서도 그 독특한 뉘앙스를 즐기기 위해 일부러 사용하는 현상도 나타나고 있다. 사회언어학자 다나카 유카리(田中ゆかり)는 이와 같은 현상을 '방언 코스프레(方言コスプレ, 호겐 코스프레)'라고 이름지었다. 마치 코스튬 플레이(Cosplay)를 하듯, 특정 캐릭터나 분위기를 연출하기 위해 자신의 출신지와 무관한 방언을 빌려 쓰는 행위다.

- 시란케도(知らんけど[sirankedo])

"모르겠지만", "아님 말고"라는 뜻의 간사이 방언이다. 자신의 주장을 실컷 펼친 뒤 말끝에 붙여 책임 소재를 흐리거나 유머러스하게 대화를 마무리하는 용법이다. 최근 일본의 Z세대(특히 수도권 거주자) 사이에서 이 말이 폭발적인 인기를 끌며 2022년 유행어 대상 후보에까지 올랐다. 이는 불확실한 시대에 자신의 발언에 책임을 지기 싫어하는 젊은 세대의 심리와, 대화를 무겁지 않게 끝내려는 '노리(ノリ, 분위기)' 문화가 결합된 현상이다. 사용자들은 이것이 간사이 방언임을 알지만, '재미'와 '뉘앙스'를 위해 적극적으로 차용한다.

- ~제요(~ぜよ[zejo])

고치현(토사) 방언으로, 막부 말기의 위인 사카모토 료마(坂本龍馬)를 상징하는 말투다. 드라마나 애니메이션의 영향으로 남자가 호쾌하게 결의를 다질 때 "야루제요!(やるぜよ!, 하겠어!)"와 같이 사용한다. 이는 일상적인 대화라기보다는 캐릭터성을 드러내기 위한 일종의 연기에 가깝다.

3. 한국어 사례: 귀여움과 진정성의 미학

한국에서도 방언이 촌스러움을 벗고 '귀여움'이나 '진정성'을 표현하는 도구로 재발견되고 있다.

- 뽀시래기

본래 전라도와 경상도 등지에서 '부스러기'를 뜻하는 방언이었다. 그러나 최근 아이돌 팬덤을 중심으로 작고 귀여운 멤버나 갓 데뷔한 신인을 지칭하는 말로 의미가 전용(轉用)되었다. "우리 뽀시래기 시절"과 같이 사용되며, 표준어 '부스러기'가 주지 못하는 아기자기하고 하찮지만 사랑스러운 느낌을 극대화한다. 이는 방언이 가진 음운적 특성(된소리 등)이 귀여움을 배가시키는 효과를 준 사례다.

- 뽀짝

'바싹', '바짝'의 전라도 방언이다. 걸그룹 레드벨벳의 노래 의 가사 "바짝 다가와"가 "뽀짝 다가와"로 들리는 '몬더그린(Mondegreen) 현상[***]'과 맞물려, "귀염 뽀짝(귀여움이 바짝 붙어 있음, 매우 귀여움)"이라는 신조어를 낳았다. 된소리(ㅃ, ㅉ)가 주는 청각적 타격감이 귀여움을 강조하는 의태어적 기능을 수행한다.

- 뭣이 중헌디

영화 『곡성』(2016)에서 아역 배우 김환희가 뱉은 전라도 사투리 대사 "뭣이 중헌디? 뭣이 중허냐고!"는 전국적인 유행어가 되었다. 이 말은 표준어

*** 몬더그린(Mondegreen) 현상은 "외국어 발음이나 불명확한 노랫말이, 듣는 사람의 모국어나 익숙한 단어로 잘못 들리는 청각적 착각"을 의미한다. 1954년 미국 작가 실비아 라이트(Sylvia Wright)의 에세이에서 유래했다. 어릴 적 어머니가 읽어주던 시의 구절 "And laid him on the green (그리고 그를 잔디 위에 눕혔다)"을 *"And Lady Mondegreen (그리고 몬더그린 아가씨)"이라는 사람 이름으로 잘못 알아들었던 경험에서 이름을 따왔다. 이는 단순한 '오청(誤聽)'이 아니라, "의미를 알 수 없는 소리에 뇌가 억지로 아는 의미를 부여하는 과정"에서 발생하는 현상이다.

"무엇이 중요한데?"로는 도저히 살릴 수 없는 날것의 감정과 절박함, 그리고 본질을 꿰뚫는 호소력을 담고 있다. 대중들은 이 말을 사용하여 본질을 망각한 상황을 풍자하거나 자조하는 밈(Meme)으로 소비했다.

4. 긍정적 전환: 드라마 『아마짱(あまちゃん)』과 방언의 가치

일본에서 방언에 대한 인식이 획기적으로 개선된 계기 중 하나로 2013년 NHK 아침 드라마 『아마짱(あまちゃん)』(2013)을 들 수 있다. 이 드라마는 도쿄 출신의 여고생이 이와테현(도호쿠 지방)의 시골 마을로 이주하여 해녀(아마)가 되는 과정을 그렸다.

드라마 속에서 놀라움을 표현하는 이와테 방언 "제제제(じぇじぇじぇ [*dzedzedze*])"는 그해 유행어 대상을 수상할 정도로 사회적 신드롬을 일으켰다. 표준어의 "에?(え？)"나 "우소(嘘, 거짓말)"로는 표현할 수 없는 극적인 놀라움과 유쾌함이 이 짧은 감탄사에 담겨 있었다. 이 말은 "제(じぇ)"의 반복 횟수에 따라 놀라움의 정도를 조절할 수 있는 유연함까지 갖추고 있었다.

무엇보다 이 드라마는 기존의 '상경 서사(지방민이 도쿄로 가서 표준어를 배우고 성공하는 이야기)'를 전복시켰다. 도쿄 출신의 주인공이 오히려 시골로 내려가 방언을 배우고 그 지역 사회의 일원이 됨으로써 인간적으로 성장한다는 스토리는, 방언이 '고쳐야 할 것'이 아니라 '배울 가치가 있는 문화 자산'임을 대중에게 각인시켰다.

초연결 시대, 방언의 미래

지금까지 우리는 방언이 '표준어'와 '공통어'의 틈바구니에서 겪어온 억압의 역사와, 대중문화 속에서 '역할어'로 소비되는 방식, 그리고 현대에 이르러 '신어'와 '유행어'로 재탄생하는 과정을 살펴보았다.

메이지 시대의 '방언 명찰'이 상징하듯, 과거의 방언은 근대화를 위해 박멸해야 할 구시대의 유물이었다. 미디어는 방언을 '시골', '조폭', '하인'의 언어로 유형화하여 편견을 강화하기도 했다. 그러나 역설적으로 디지털 미디어와 인터넷의 발달은 방언을 지역적 맥락에서 해방시켰다.

이제 방언은 물리적 거주지를 나타내는 지표가 아니라, 개인의 취향과 정체성, 그리고 감각을 표현하는 '선택 가능한 언어 자원'이 되었다. 도쿄의 10대가 오사카의 '멧챠'를 쓰고, 서울의 팬덤이 전라도의 '뽀시래기'를 쓰는 현상은 언어가 더 이상 중앙에서 지방으로 일방적으로 흐르는 것이 아니라, 상호 침투하고 융합하며 풍요로워지고 있음을 보여준다.

방언은 한번 사라지면 영원히 복구할 수 없는 소중한 천연자원과도 같다. 그것은 표준어라는 매끈한 포장지로는 담아낼 수 없는 삶의 질감과 역사의 흔적, 그리고 날것의 감정을 보존하고 있는 '소리의 화석'이다. 오늘날 신어와 유행어 속에서 살아 숨 쉬는 방언의 재발견은, 획일화된 세계화 시대에 우리가 잃어버리지 말아야 할 '다양성'과 '고유성'의 가치를 역설하고 있다.

이제 다음 제11장에서는 시선을 밖으로 돌려, 일본어 속에 깊숙이 침투한 또 다른 언어의 물결, 즉 '외래어'에 대해 알아볼 것이다. 특히 한류 붐과 함께

일본의 신조어와 유행어에 큰 영향을 미치고 있는 'オッパ(옷빠, 오빠)', 'マン
チ(만네, 막내)' 등과 같은 한국어 어휘들, 그리고 일본식으로 변형된 영어 어휘
가 각각 일본어의 조어 체계와 만나 어떤 새로운 화학 반응을 일으키고 있는
지 심층적으로 탐구해 보도록 하자. 이는 언어가 어떻게 외부의 요소를 받아
들여 심리적 완충재나 정체성 표현의 도구로 활용하는지를 보여주는 또 다른
흥미로운 여정이 될 것이다.

제11장

일본의 신조어·유행어 속 외래어

언어의 거울, 문화를 비추다: 언어 접촉과 외래어의 유입

1. 언어는 문화를 비추는 거울

언어는 그 언어를 사용하는 집단의 문화를 반영하는 가장 정직한 거울이다. 한 사회가 향유하는 대중문화, 사회적 현상, 그리고 타문화와의 교류 양상은 고스란히 어휘의 생성과 변화에 투영된다. 특히, 세계화가 가속화되고 디지털 네트워크를 통해 국경 없는 소통이 이루어지는 현대 사회에서, 서로 다른 언어 간의 접촉은 신조어(新造語)와 유행어(流行語)가 탄생하는 가장 강력한 동력 중 하나이다.

일본어(日本語)는 역사적으로 한자(漢字)라는 거대한 외래 문자를 수용하여 독자적인 문자 체계를 구축했을 만큼, 외부 언어의 유입에 대해 유연하면서도 독특한 수용 방식을 보여 왔다. 고대에는 중국어로부터 한자어를 받아들였고, 근대에는 서구 열강으로부터 가타카나(片仮名) 외래어를 대거 흡수하며 어휘의 외연을 확장해 왔다. 그러나 21세기에 들어서며 일본어의 신조어 및 유행어 시장에 새로운 흐름이 감지되고 있다. 그것은 바로 지리적으로 가장 가깝지만, 역사적·정치적 이유로 심리적 거리가 존재했던 한국어(韓国語)의 부상이다.

본 장에서는 일본어의 신조어와 유행어 생태계에 깊숙이 침투한 외래어의 양상을 탐구한다. 특히, 서구 중심의 외래어 유입에서 벗어나, '한류(韓流)'라는 문화적 파도를 타고 일본의 젊은 세대(若者, 와카모노[*wakamono*]) 사이에서 놀이의 언어이자 관계의 언어로 정착한 한국어의 위상을 심층적으로 알아보고자 한다. 또한, 영어를 일본어의 조어법에 맞춰 창의적으로 변형시킨 '일본

식 영어(和製英語, 와세이에고[*waseie:go*])' 기반의 신조어들을 통해, 일본어 특유의 외래어 수용 메커니즘을 알아보자. 이는 앞서 제4장과 제5장에서 살펴본 '인터넷 문화'와 '입력어(打ち言葉)'의 특성이 외래어라는 재료와 만나 어떻게 화학 반응을 일으키는지를 확인하는 과정이기도 하다.

2. 문화적 전파와 언어적 영향의 구분

본격적인 논의에 앞서, 외래어가 일본어에 정착하는 두 가지 방법을 서로 구분할 필요가 있다. 그것은 바로 '문화적 전파'와 직접적인 '언어적 영향'이다.

대체 불가능한 고유명사의 차용: 문화적 전파

일본과 한국은 오랜 교류의 역사 속에서 서로의 문화를 주고받았다. 이 과정에서 일본어에는 존재하지 않는 한국의 고유한 사물이나 개념을 지칭하기 위해 한국어를 그대로 가져와 사용하는 경우가 빈번했다. 가장 대표적인 영역이 바로 '식문화(食文化)'이다.

일본의 슈퍼마켓이나 편의점, 음식점에서 흔히 볼 수 있는 ビビンパ(비빔밥, 비빔파[*bibimpa*]), チャプチェ(잡채, 차푸체[*tɕaputɕe*]), キムチ(김치, 키무치[*kimutɕi*]), クッパ(국밥, 쿳파[*kuppa*]) 등은 이미 일본어의 외래어로 완전히 정착되어 사용되고 있다. 그러나 언어학적 관점에서 볼 때, 이러한 단어들의 유입을 한국어가 일본어의 언어 체계에 구조적인 영향을 미친 '신조어'나 '유행어'의 범주에 포함시키기에는 다소 모호한 측면이 있다.

비빔밥이나 잡채는 일본의 전통적인 식생활에는 존재하지 않았던 '새로운 대상'이기 때문이다. 새로운 대상에 새로운 이름을 붙이는 것은 언어의 보편적인 명명 과정이며, 이는 대체할 일본어 어휘가 부재한 상황에서 발생한 필연적인 차용이다. 이는 마치 한국어에서 이탈리아의 '피자(Pizza)'나 미국의 '햄버거(Hamburger)'를 외래어로 사용하는 것과 같은 이치다. 우리가 피자라는 단어를 쓴다고 해서 이탈리아어가 한국어의 유행어 시장을 점령했다고 평가하지 않는 것처럼, 이러한 고유명사의 차용은 언어적 영향이라기보다는 '문화적 전파'의 결과물로 해석하는 것이 타당하다.

대체 가능함에도 불구하고 사용되는 어휘: 언어적 영향

진정한 의미에서의 '언어적 영향'은 일본어에 이미 해당 개념을 지칭하는 단어가 존재함에도 불구하고, 굳이 외래어를 사용하여 새로운 뉘앙스나 감정을 표현하려 할 때 발생한다.

예를 들어, 일본어에는 '美味しい(맛있다, 오이시이[oiɕii])'라는 표현이 있다. 그러나 일본의 젊은 층이 굳이 한국어를 차용한 'マシソヨ(마시소요, 맛있어요)'를 사용한다거나, '本当(혼토, 진짜)'라는 말 대신 'チンチャ(친차, 진짜)'를 사용하는 현상은 단순한 의미 전달을 넘어선다. 이는 해당 외래어가 가진 문화적 이미지, 발음의 유희성, 그리고 집단 내의 정체성을 드러내기 위한 사회언어학적 선택이기 때문이다. 본 장에서는 이러한 층위의 외래어 유입에 더욱 주목하여, 그것이 일본어의 신조어와 유행어로서 어떤 기능을 수행하는지 알아보자.

국밥에서 태어난 대마왕: 쿠파(Koopa)와 의미의 재구성

문화적 전파가 심화되면, 차용된 어휘는 본래의 의미를 넘어 새로운 뉘앙스와 이미지를 획득하며 독자적인 생명력을 갖기 시작한다. 이때부터는 단순한 외래어가 아닌, 일본 대중문화의 맥락 속에서 재해석된 '신어'로서의 성격을 띠게 된다. 가장 흥미롭고 극적인 사례가 바로 닌텐도(Nintendo)의 세계적인 게임 『슈퍼 마리오(スーパーマリオ)』(1985) 시리즈에 등장하는 악당 캐릭터 'クッパ(쿠파, 쿳파[kuppa])'이다.

1. 미야모토 시게루와 불고기집의 영감

전 세계 게이머들에게 '쿠파(북미명: Bowser)'는 거북이의 형상을 한 강력한 보스 캐릭터로 알려져 있다. 그러나 이 캐릭터의 이름이 한국의 음식 '국밥'에서 유래했다는 사실은 게임의 아버지라 불리는 개발자 미야모토 시게루(宮本茂)의 인터뷰를 통해 공식적으로 확인된 바 있다.

『슈퍼 마리오』의 개발 당시, 미야모토 시게루는 최종 보스 캐릭터에게 강렬하고 인상적인 이름을 붙이고자 고심했다. 그는 팀원들과의 회식 자리에서 불고기집(야키니쿠 가게)의 메뉴판을 보다가 '국밥'이라는 어감에서 느껴지는 강인함과 육식적인 이미지, 그리고 파열음이 주는 타격감에 매료되었다. 당시 보스 캐릭터의 이름 후보군으로는 육회(ユッケ, 육케[jukke])와 비빔밥(ビビンバ, 비빔바[bibimba])도 있었으나, 최종적으로 '쿠파(국밥)'가 선택되었다.

재미있는 점은 미야모토가 당시 '국밥'을 '불고기'의 일종으로 오해했었다는 일화다. 국밥은 밥을 국에 말아 먹는 탕 요리이지만, 야키니쿠 가게에서 판

매되는 고기 메뉴들과 함께 적혀 있었기에 고기를 구워 먹는 강하고 기름진 이미지를 연상했던 것이다. 이는 언어가 국경을 넘어 이동할 때, 원래의 지시 대상(Referent)과 기표(Signifier) 사이의 연결이 느슨해지고, 수용하는 문화권의 이미지에 따라 의미가 재구성(Resignification)되는 과정을 보여준다. 만약 그가 국밥이 소박한 국물 요리라는 것을 알았다면, 천하의 대마왕 이름은 '육케(육회)'나 '비빔바(비빔밥)'가 되었을지도 모른다.

2. 쿠파(Kuppa) vs 바우저(Bowser): 로컬라이제이션의 간극

이 '쿠파'라는 이름은 일본 내에서는 대마왕의 고유명사로 굳어졌지만, 북미판으로 수출되면서 '바우저(Bowser)'라는 새로운 이름을 얻게 되었다. 이는 당시 닌텐도 아메리카(NOA)의 로컬라이제이션 팀이 '쿠파'라는 이름이 서구권 플레이어들에게 한국 음식이라는 인식을 주거나, 혹은 발음상의 어색함을 줄 수 있다고 판단했기 때문이라는 설이 유력하다.

그러나 흥미롭게도 '바우저'라는 이름이 정착된 이후에도, 북미판 게임 설명서나 설정집에서는 '바우저, 킹 오브 더 쿠파(Bowser, King of the Koopa)'라는 식으로 표기하여 '쿠파'라는 명칭을 종족명(거북이 일족)으로 남겨두었다. 즉, 일본에서는 '쿠파'가 개인의 이름이자 종족을 대표하는 명칭이라면, 서구권에서는 '쿠파'가 종족명이고 '바우저'가 개인의 이름이 된 셈이다. 영화 『슈퍼 마리오 브라더스』(1993)에서는 데니스 호퍼가 연기한 악당의 이름이 '프레지던트 쿠파(President Koopa)'로 등장하는데, 이는 북미 영화 제작진이 일본 원작의 이름을 존중하거나 혹은 '바우저'라는 이름이 주는 1950년대 록 그룹 'Sha Na Na'의 멤버 'Bowzer'와의 혼동을 피하기 위한 선택이었다는 분석도 있다.

결국 '쿠파'는 한국어의 '국밥'이라는 음운(Phoneme)을 빌려왔지만, 일본의 게임 문화 속에서 '거북이 형상의 대마왕'이라는 전혀 새로운 기의(Signified)*를 획득하게 되었다. 이는 외래어가 단순한 명칭의 수입을 넘어, 대중문화 콘텐츠의 창작 소재가 되고 새로운 캐릭터성을 부여하는 '언어적 자원'으로 활용된 대표적인 사례이다. 오늘날 일본의 젊은 세대는 '쿠파'를 들으면 맛있는 국밥보다는 마리오를 괴롭히는 거북이 대마왕을 먼저 떠올린다. 이는 언어 접촉이 만들어낸 가장 성공적이고도 엉뚱한 '의미의 변용'이라 할 수 있다.

역사 속의 만남: 유서 깊은 한국어 차용어와 사회적 맥락

한류 붐이 일어나기 훨씬 이전부터, 한국과 일본은 지리적 인접성으로 인해 끊임없는 언어적 접촉을 이어왔다. 특히 일제강점기와 한국의 독립 후 일본 내 재일 한국인 사회의 형성은 한국어 어휘가 일본어의 저변에 스며드는 계기가 되었다. 이 시기의 차용어들은 주로 생활 밀착형 어휘나 인간관계를 지칭하는 속어의 형태로 나타났으며, 때로는 차별적이거나 자조적인 뉘앙스를 담기도 했다.

1. 총각에서 총가(チョンガー)로: 독신의 애환과 희화화

1990년대 초반까지 일본의 중년 남성들 사이에서는 결혼하지 않은 독신 남성을 가리켜 총가(チョンガー, 총가[ʦɔŋgaː])라고 부르는 경우가 있었다. 이는 한국어의 '총각(總角)'에서 유래한 말이다.

---

* 기표(Signifier/시니피앙)와 기의(Signified/시니피에) : 기의는 단어를 통해 연상되는 이미지나 내념을 뜻한다. 예를 들어, 나무라는 단어의 소리 그 자체는 기표이고, 나무를 떠올리면 '푸르다, 시원하다'라는 의미가 연상되는 것을 기의라고 한다.

일본어에는 이미 '독신(独身, 도쿠신[*dokwsin*])'이나 '미혼 남성(未婚男性, 미콘단세이[*mikondansei*])'이라는 정확한 공통어가 존재한다. 그럼에도 불구하고 굳이 한국어 유래의 '총가'라는 단어가 사용된 이유는 무엇일까? 이는 '총가'라는 단어가 가진 미묘한 뉘앙스 때문이다. 일본어 속에서 '총가'는 단순히 미혼임을 나타내는 것을 넘어, 약간의 자조 섞인 뉘앙스, 혹은 독신 생활의 궁상맞음과 자유로움을 동시에 내포하는 속어로 사용되었다. 특히 전후(戰後) 일본에 남은 한국인 독신 남성 노동자들을 지칭하던 말이 일본인 남성들 사이로 퍼져나간 것으로 추정된다.

그림 일본어 속의 한국어, 총가(チョンガー)

1992년에 개봉한 일본 영화의 제목이 『희극 총가, 아아 독신(喜劇 チョンガー、 あぁ独身)』이었다는 점은 이 단어가 당시 대중문화 속에서 어느 정도의 인지도를 가지고 있었는지를 방증한다. 영화의 제목에서 '독신'이라는 한자어

옆에 '총가'라는 가타카나 표기를 병기하거나 부제로 사용한 것은, 이 단어가 주는 희극적이고 서민적인 어감을 강조하기 위함이었다. 하지만 현재는 차별적 뉘앙스를 피하기 위해 방송 금지 용어(방송 문제 용어)로 분류되거나 사용 빈도가 급격히 줄어들어, 젊은 세대에게는 낯선 사어(死語)가 되어가고 있다.

2. 바지에서 파치(パッチ)로: 의복 용어의 정착과 변천

또 다른 흥미로운 사례는 파치(パッチ, 파치[pat tɕi])이다. 이는 한국어의 '바지'에서 유래한 말로, 주로 남성용 내복 하의(내복 바지)나 아동용 바지, 혹은 작업용 바지를 지칭하는 말로 간사이 지방(Kansai Region)을 중심으로 널리 쓰였다.

일본의 전통 의복인 기모노는 통으로 된 하의(하카마 등)를 입거나, 하의를 입지 않고 겉옷을 여미는 방식이 많았다. 반면 한국의 '바지'는 두 다리가 각각 들어가는 형태의 의복으로, 이러한 형태적 특징을 가진 옷이 일본에 전래되면서 이름까지 함께 차용된 것으로 보인다. 에도 시대 말기나 메이지 시대 초기부터 사용된 것으로 추정되며, 현대 일본어에서는 '모모히키(股引, 솜 바지/내복)'와 유사한 의미로 쓰인다.

간사이 지방에서는 여전히 어르신들이 "추우니까 파치 입어라"라고 말하는 모습을 볼 수 있다. '즈봉(바지, ズボン[dʑɯboɴ])'이나 '판츠(パンツ, Pants)'라는 서구 외래어가 들어오기 전, 한국어 유래의 '파치'가 그 자리를 메우고 있었던 셈이다. 이러한 '총가'나 '파치'와 같은 어휘들은 한류라는 거대한 문화적 파도가 밀려오기 전, 민초들의 생활 속에서 자연스럽게 섞이고 스며든 '풀뿌리 외래어'라고 할 수 있다. 이는 두 언어의 접촉면이 생각보다 넓고 깊었음을 보여주는 언어적 화석이라고 할 수 있겠다.

한류, 언어의 물결을 일으키다: 소비에서 학습, 그리고 유희로

2000년대 초반, 드라마 <겨울연가(冬のソナタ, 후유노 소나타[ɸɯɟɯno sonata])>(2002)의 유행은 일본 내 한국 문화의 위상을 완전히 뒤바꾸어 놓았다. 이른바 '한류(韓流, 한류[hanɾjɯ])'의 시작이다. 초기 한류가 40~50대 중년 여성층을 중심으로 한 드라마 소비에 머물렀다면, 동방신기, KARA, 소녀시대를 거쳐 최근의 TWICE, BTS, LE SSERAFIM, Stray Kids 등으로 이어지는 K-POP의 폭발적인 인기는 소비의 주체를 10~20대 젊은 층으로 확장시켰다.

이러한 팬덤의 변화는 일본어의 외래어, 그 중에서도 한국어의 수용 방식을 근본적으로 바꾸어 버렸다.

제1기 (소비 단계):
<겨울연가> 붐 당시, 드라마는 주로 일본어 더빙으로 방영되었고, 주제가는 일본어 번안곡으로 불렸다. 한국어는 단지 '원작의 언어'로서 배경에 머물렀으며, 오직 '욘사마(배용준)'와 같은 특정 호칭만이 유행어로 소비되었다.

제2기 (학습 단계):
드라마의 성공을 기반으로 다양한 한류 콘텐츠가 본격적으로 일본에 진출하게 되면서, 이들 콘텐츠에서 한국어를 직접 들을 수 있는 자막 버전에 대한 수요도 함께 증가하게 되었다. 그 중에서도 K-POP의 원어 가사의 의미를 이해하고자 하는 팬덤의 강력한 수요를 배경으로 자연스럽게 한국어를 능동적으로 학습하는 인구는 폭발적으로 증가하게 되었다. 그 결과 NHK의 외국어 강좌 시리즈에서 한국어 강좌가 영어에 이어 인기 2위를 차지하는 기염을 토하기도 했다.

제3기 (유희와 일상화 단계)

현재. 스마트폰과 SNS에 익숙한 디지털 네이티브 세대에게 한국어는 '공부해야 할 대상'을 넘어 '가지고 노는 대상'이 되었다. 한국어 단어를 일본어 문장 속에 섞어 쓰는 것이 힙(Hip)하고 세련된 행위로 간주되며, 번역되지 않은 한국어 원어(Raw Data)가 그대로 유행어가 되어 틱톡과 인스타그램을 타고 확산된다.

이제 한국어는 단순한 외국어가 아니라, 일본 젊은 세대(특히 여성층)의 감수성을 표현하는 가장 트렌디한 '패션 언어'이자 '입력어'의 핵심 자원으로 자리 잡았다.

한류 콘텐츠가 낳은 신(新)유행어: 일본어 속의 한국어

일본 젊은 세대 사이에서 널리 쓰이고 있는 한국어 유래 신조어와 유행어를 그 유형별로 대표예시를 들어 분석해 보면 다음과 같다.

1. 인물 및 문화를 지칭하는 어휘: 미(美)의 기준 변화

- オルチャン(오르찬[oɾutɕaŋ])

한국어 '얼짱'에서 유래했다. 일본어에는 '미인(美人, 비진)', '이케멘(イケメン, 꽃미남)', '카와이(可愛い)' 등의 단어가 있음에도 불구하고, 한국풍의 메이크업이나 패션을 한 미남미녀를 지칭할 때 굳이 '오르찬(얼짱)'이라는 단어를 사용하는 젊은 세대가 늘고 있다. 이는 '오르찬 메이크(얼짱 메이크업)', '오르찬 패션'과 같이 K-뷰티 트렌드와 결합하여 고유한 스타일을 지칭하는 용어로 정착했는데, 이는 한국의 미적 기준이 일본 젊은 층에게 동경의 대상이 되었음을 시사한다.

- モムチャン(모무찬[momutean])

'몸짱'에서 유래. 다이어트와 피트니스 붐과 함께 유입되어, 건강하고 탄력 있는 몸매를 가리키는 말로 쓰인다. 정다연과 같은 '몸짱 아줌마(モムチャン・アジュンマ)'의 일본 진출이 결정적인 계기가 되었다.

- キヨミ(키요미[kijomi])

'귀요미'에서 유래. '귀요미 송'이 일본의 틱톡(TikTok) 등 숏폼 플랫폼에서 유행하면서, 귀여운 사람이나 행동을 지칭하는 명사로 굳어졌다. 일본어의 '카와이(可愛い)'와 유사하지만, K-POP 아이돌 특유의 '애교' 문화를 상징하는 단어다.

2. 관계와 호칭의 어휘: 유사 연애와 팬덤의 언어

- オッパ(옷파[oppa])

본래 여성이 연상의 남형제를 부르는 말이지만, 한류 팬덤 내에서는 자신이 좋아하는 남성 아이돌이나 배우를 부르는 절대적인 호칭으로 자리 잡았다. 일본어의 '오니상(お兄さん)'과는 달리, 연애 감정과 동경, 그리고 친밀감이 복합적으로 섞인 뉘앙스를 풍긴다. 심지어 나이가 어린 팬이 연상의 아이돌을 부를 때뿐만 아니라, 아이돌이 팬들에게 자신을 어필할 때 "오빠가~"라고 지칭하는 것을 그대로 받아들여 고유명사처럼 사용하기도 한다.

- マンネ(만네[manne])

'막내'의 일본식 발음이다. K-POP 그룹의 최연소 멤버를 지칭한다. 일본어의 '스엣코(末っ子)'라는 단어가 있지만, 아이돌 그룹 내에서의 막내 포지션(멤

버들에게 귀여움을 받거나, 혹은 실세이거나)을 설명할 때는 반드시 '만네'를 쓴
다. 팬덤 내의 역할어(役割語)처럼 쓰인다.

- ペン(펜[pen])

영어 'Fan'의 한국식 발음 '팬'을 다시 일본어 가타카나로 표기한 것이다.
일본어로는 원래 'Fan'을 '후안(ファン)'이라고 표기하지만, K-POP 아이돌을
좋아하는 팬들은 스스로를 '펜(ペン)'이라고 칭한다. 이는 자신이 일반적인 팬
이 아니라 K-컬처를 향유하는 집단임을 드러내는 언어적 표지로, '펜미(팬미
팅)'와 같은 파생어도 활발히 쓰인다.

3. 감정과 상태를 나타내는 어휘: 감정의 인플레이션

- テバク(테바쿠[tebaku])
'대박'에서 유래했다. "스고이(凄い, 대단해)"나 "야바이(ヤバい, 위험해/대
박)"를 대체하여 놀라움이나 기쁨을 표현할 때 쓰인다. 한국 드라마 대사에서
감탄사로 자주 등장하며, 그 짧고 강렬한 발음 덕분에 일본인들의 귀에 쉽게
꽂혀 빠르게 퍼졌다.

- サランヘヨ(사랑해요[saranhejo])
일본어의 '아이시테루(愛してる)'는 일상에서 쓰기에 다소 무겁고 진지한,
평생의 약속과 같은 느낌을 준다. 반면 한국어의 '사랑해요'는 K-POP 아이돌
이 팬들에게 손가락 하트를 날리며 가볍고 밝게 외치는 이미지로 각인되어
있다. 따라서 친구나 좋아하는 아이돌, 심지어 가족에게 캐주얼하게 애정을
표현할 때 '사랑해요'를 사용하거나, 하트 이모티콘과 함께 "사랑해"라고 적
는 것이 유행이다.

　　- パボ(파보[pabo])

　　한국어 '바보'에서 유래했다. 흥미로운 점은 이 단어의 대중화에 일본의 인기 버라이어티 프로그램 <퀴즈! 헥사곤 II(クイズ！ヘキサゴンII)>가 결정적인 역할을 했다는 점이다. 2007년, 이 프로그램에 출연한 사토다 마이(里田まい), 스잔느(Suzanne, 山本紗衣), 키노시타 유키나(木下優樹菜)는 퀴즈를 잘 맞히지 못하는 '백치미(おバカ, 오바카)' 캐릭터로 인기를 끌었는데, 이 3명으로 결성된 유닛 그룹의 이름이 바로 'Pabo(파보)'였다. 이 그룹명은 한국어로 바보를 의미한다고 방송에서 대대적으로 소개되었고, 이를 통해 '파보(パボ)'는 비하의 의미보다는 '사랑스럽고 귀여운 바보'라는 긍정적인 이미지를 얻으며 일본 대중에게 널리 각인되었다.

그림 걸그룹 'Pabo'의 싱글 앨범(2007)

4. 진짜가 나타났다: チン(친)

　　최근 Z세대를 중심으로 '진짜', '정말'을 뜻하는 접두사 'チン(친[tɕin])'이 유행하고 있다. 이는 '진짜'의 앞 글자를 딴 것으로 추정되며, "チンチャそれ(친차 소레, 진짜 그거야/내 말이)"와 같이 한국어 '진짜'와 일본어 '소레(それ, 그거)'를 결합한 하이브리드 문장이 SNS 해시태그나 구어체에서 자주 등장한다. 이

는 한국어의 강조 접두사가 일본어의 강조 표현(초-, 메차- 등)을 대체하거나 보완하는 현상으로 볼 수 있다.

외래어 사용의 심리적·기능적 역할: 왜 굳이 한국어를 쓰는가?

일본의 젊은이들이, 그것도 대체할 수 있는 일본어 표현이 있음에도 불구하고 굳이 한국어를 섞어 쓰는 이유는 무엇일까?

1. 심리적 완충재(Cushion): 거리두기를 통한 솔직함

모국어는 감정의 직격탄이다. '미안합니다(고멘나사이, ごめんなさい)'나 '사랑합니다(아이시테루, 愛してる)'는 모국어 화자에게 그 의미의 무게가 너무나 직접적이고 무겁게 다가온다. 특히 일본의 '메이와쿠(민폐) 문화' 속에서 사과는 매우 신중하고 형식적인 행위여야 한다.

그러나 친구 사이의 가벼운 실수나, 가족 간의 쑥스러운 감사 표현에서 이러한 정색은 오히려 소통의 장벽이 될 수 있다. 이때 외래어는 훌륭한 '심리적 완충재' 즉 쿠션의 역할을 한다.

NHK 다큐멘터리 『일본에 침투하는 한국어』(2011)에 출연한 한 여성의 인터뷰는 이와 같은 현상을 명확하게 보여준다.

"일본어로 말하면 쑥스럽지만, 한국어로 '미안해요(ミアネヨ)'라고 하면 솔직하게 말할 수 있어요. 엄마한테도 좀 더 가볍게 고마움을 전할 수 있고요."

즉, 한국어라는 외국어의 필터를 한 번 거침으로써 발화자와 청자 사이에 적절한 심리적 거리(Distance)가 형성되고, 이 거리감 덕분에 역설적으로 자신의 본심(혼네)을 더 솔직하고 부담 없이, 그리고 애교 있게 표현할 수 있게 되는 것이다. 이는 영미권의 'Sorry'나 'Thank you'가 일본뿐만 아니라 한국에서도 가볍게 쓰이는 것과 같은 원리다.

그림 (상) 솔직한 마음을 전하기 쉬운 한국어 / (하) 기호화하고 디자인하기 쉬운 한국어 ⓒNHK 방송화면

2. 디자인과 기호로서의 한글: 시각적 소비

일본의 젊은 세대, 특히 여고생(JK)들에게 한글은 의미를 가진 문자라기보다는 '귀여운 기호(Symbol)'나 '디자인 요소'로 인식되는 경향이 있다. 한글의 'ㅇ'이나 'ㅎ'과 같은 동그라미 형태, 그리고 자모가 결합되는 기하학적이고 구조적인 모양은 가나(仮名)나 한자(漢字)와는 다른 독특한 조형미를 가진

다. SNS 프로필이나 라인(LINE) 메시지에 'ㅋㅋㅋ', 'ㅠㅠ', '사랑해', '좋아'와 같은 한글을 적는 것은, 마치 이모티콘이나 스티커를 붙이는 것과 같은 시각적 장식 효과를 준다. 뜻을 정확히 모르더라도 모양이 귀여워서 스티커처럼 사용하는 경우도 많다. 이는 텍스트 중심의 디지털 커뮤니케이션에서 감정을 시각화하려는 시도이자, 자신의 감각적인 센스를 드러내는 수단으로, 일종의 입력어(打ち言葉)라고 할 수 있다.

3. 은어의 기능: 우리만의 결속력과 정체성

특정 집단(팬덤) 내에서만 통용되는 언어를 사용하는 것은 구성원 간의 유대감을 강화하고 소속감을 확인하는 가장 강력한 장치다. '펜(ペン, 팬)', '카무바(カムバ, 컴백)', '쇼케(ショケ, 쇼케이스)', '맛판(マッパン, 막방)'과 같은 케이팝 전문 용어들을 섞어 대화하는 것은 "나도 이 문화를 깊이 향유하는 사람이다", "우리는 말이 통하는 사이다"라는 무언의 신호를 주고받는 행위다. 이는 외부인(기성세대나 비팬덤)과의 경계를 긋고 내부의 결속을 다지는 은어의 전형적인 기능을 수행한다. 그리고 K-POP 팬덤이 확장되면서 이러한 은어들이 양지로 나와 일반 유행어가 되기도 하는데, 서브컬처가 메인스트림 문화로 전이되는 과정을 언어적으로 보여주는 사례라고 할 수 있다.

영어의 영향: 일본식 영어(和製英語)와 신조어의 재창조

한국어가 감성적이고 관계 지향적인 영역에서 영향력을 발휘한다면, 영어는 일본어의 조어법과 결합하여 기능적이고 트렌디한 신조어를 만들어내는 데 기여한다. 특히 일본은 영어를 그대로 수용하기보다, 자신의 음운 구조(4박자 리듬 등)와 문법에 맞춰 과감하게 변형시키는 '재창조'에 능하다. 이를 와세이에고(和製英語, 일본식 영어)라고 한다.

1. 동사화(Verbing)의 마법: 명사 + る(ru)

일본어 신조어 제조의 가장 강력한 공식 중 하나는 외래어 명사 뒤에 동사 어미 '~루(る)'를 붙여 동사로 만드는 것이다. 이는 명사를 동사처럼 활용하는 언어적 유희다. 과거의 '사보루(サボる, Sabotage(サボタージュ/사보타지) + る(루) = 땡땡이치다)'와 같은 유서 깊은 조어법이 현대에도 계승되고 있다.

＊

『 タピる(타피루[*tapiru*]) 』

'타피오카(Tapioca)' + 'る(루)'

의미

타피오카 밀크티(버블티)를 마시다.

분석

2018~2019년 일본을 강타한 제3차 타피오카 붐과 함께 탄생했다. 단순히 음료를 마시는 행위뿐만 아니라, 타피오카 가게에 줄을 서고, 음료를 받아

들고 인증샷을 찍어 인스타그램에 올리는 일련의 문화적 소비 활동을 총칭한다. "오늘 학교 끝나고 타피루?"라는 말은 "버블티 마시러 갈래?"라는 뜻이다.

유사 사례

구구루(ググる, Google + ru = 구글링하다), 스타바루(スタバる, Starbucks + ru = 스타벅스에 가다)

2. 형용사화의 마법: 명사 + 이(い)

영단어의 앞부분을 따고 일본어 형용사 어미 '~이(い)'를 붙여 감정을 나타내는 형용사를 만든다.

『 エモい(에모이[emoi]) 』

'이모셔널(Emotional)' + '이(い)'

의미

감성적이다, 뭉클하다, 아련하다, 말로 표현하기 힘든 복합적인 감동.

분석

슬픔, 기쁨, 그리움, 향수 등 딱 잘라 정의할 수 없는 미묘한 감정 상태를 통쳐서 표현하는 만능 형용사다. 고전 일본어의 '아와레(あわれ, 비애/정취)'의 현대판이라고 볼 수 있다. 한국어의 '감성 돋는다', '센치하다'와 유사하다. 본래록 음악의 하위 장르인 '이모(Emo)' 락에서 유래했다는 설도 있으나, 현재는 젊은 층에서 가장 널리 쓰이는 감탄사가 되었는데, 낡은 필름 카메라로 찍은

사진이나, 해질녘의 풍경을 보고 그들은 "에모이!"라고 외친다.

3. 축약과 변형: 경제성의 원리

가라오케(から + オーケストラ = カラオケ/가짜 오케스트라, 반주기)와 같이 긴 영어 단어를 일본어의 4음절 박자(Mora)에 맞춰 줄여 부르는 것은 일본어의 전통적인 특징이다. 이는 디지털 입력의 효율성을 추구하는 '입력어'의 특성 과도 맞닿아 있다.

- **サブスク**(사브스크[*sabɯsɯkɯ*])
'서브스크립션(Subscription, 구독)'의 줄임말. 넷플릭스, 스포티파이, 유튜브 프리미엄 같은 정기 구독 서비스를 지칭한다. 경제 용어가 젊은 층의 일상 소 비 용어로 정착한 사례다.

- **チル**(치르[*tɕirɯ*])
영어 'Chill out(긴장을 풀다/놀다)'에서 유래. '치르스루(チルする, 느긋하게 쉬다)', '치르이(チルい, 편안하다)' 등으로 활용된다. 카페에서 느긋하게 시간을 보내는 것을 '치르 소비(チル消費)'라고도 한다. 바쁘고 경쟁적인 사회 속에서 휴식을 갈구하는 젊은 세대의 라이프스타일을 반영한다.

이러한 와세이에고는 원어민(영어권 화자)은 알아듣지 못하는, 일본인들만 의 독창적인 언어 세계를 구축했다. 이는 외래어를 단순히 빌려 쓰는 것이 아 니라, 자신의 언어 체계 안으로 완전히 소화하여 '일본어화'하는 일본어의 강 력한 동화력을 보여주는 대표적인 사례라고 할 수 있다.

사회적 시선: 환영과 경계 사이

외래어, 특히 한국어 유래 신조어의 급격한 확산은 일본 사회 내에서 긍정적인 반응과 부정적인 반발을 동시에 불러일으켰다. 이는 언어가 단순한 소통 도구를 넘어 국가의 정체성과 직결된 민감한 영역임을 알 수 있게 해 준다.

1. 혐한(嫌韓)과 언어 민족주의

일부 보수적인 기성세대나 인터넷 우익(ネット右翼, 넷토 우요쿠) 세력은 이러한 현상에 대해 강한 거부감을 드러낸다. 대형 서점에 '혐한 코너'가 따로 존재할 정도로 혐한 정서가 상업화된 일본의 출판 시장에서, "일본어가 오염되고 있다", "한류 붐은 미디어의 날조다"라는 주장을 담은 서적들은 버젓이 유통되고 있다. 이들은 공영방송 NHK가 한글 자막을 내보내거나 한국어 강좌를 비중 있게 편성하는 것에 대해 "한국 방송국이냐"며 시위를 벌이거나 비난을 퍼붓기도 하는데, 이들에게 있어서 한국어 유래 유행어는 일본 고유의 언어문화를 해치는 침입자이자 받아들이기 힘든 이질적인 요소에 다름 아니다. 이는 앞서 제2장에서 살펴본 1980년대 '국밥(쿠파, クッパ)'의 이름을 짓던 시기의 자유롭고 유쾌했던 분위기와는 사뭇 다른, 경직된 한일 관계의 단면을 보여주는 것으로, 한국의 성장으로 문화, 경제 등 모든 측면에서 한국이 일본의 경쟁자로 부상하게 된 현실과 이들의 열등감은 비례하는 지도 모를 일이다.

2. 공존과 융합의 미래: 디지털 네이티브의 선택

그러나 이러한 반발에도 불구하고, 문화의 흐름은 인위적으로 막을 수 없

다. 넷플릭스와 유튜브를 통해 국경 없는 콘텐츠 소비가 일상화된 디지털 네이티브 세대에게, 언어의 국적은 더 이상 중요한 장벽이 아니다. 그들에게 한국어 '진짜'와 영어 'Real', 그리고 일본어 'マジ(마지, 진짜)'는 상황에 따라 골라 쓸 수 있는 풍부한 언어적 자원일 뿐이다.

앞으로도 인터넷 문화의 확산과 젊은 세대 언어의 특징은 이러한 외래어의 수용을 더욱 가속화할 것이다. 언어는 고정된 실체가 아니라 흐르는 물과 같다. 일본어 속에 스며든 한국어와 영어는 일본어를 혼탁하게 만드는 것이 아니라, 오히려 더욱 풍요롭고 다채로운 표현의 가능성을 열어줄 것이다. 따라서 일본의 신조어와 유행어는 그 대상은 변할지도 모를지언정 외부의 언어 자극을 받아들이며 끊임없이 진화할 것이다.

새로운 일본어의 확장, 외래어

제11장에서는 일본어 신조어와 유행어 속에 깊이 파고든 외래어, 특히 한국어와 영어의 영향을 살펴보았다. 우리는 게임 캐릭터 '쿠파'와 음식 '국밥'의 관계에서 보듯, 문화적 전파가 어떻게 언어적 상상력을 자극하여 새로운 캐릭터를 탄생시키는지 확인했다. 또한 'パボ(파보, 바보)', 'オルチャン(오르찬, 얼짱)', 'マンネ(만네, 막내)'와 같은 단어들이 일본 젊은이들의 입을 통해 일상적으로 사용되는 현상을 통해, 한류가 단순한 콘텐츠 소비를 넘어 일본인의 언어생활과 사고방식의 일부로 자리 잡았음을 알 수 있었다. 나아가 'タイル(타피루)', 'エモい(에모이)'와 같은 와세이에고(和製英語)에 대한 분석을 통해, 외래어를 자신의 문법에 맞춰 자유자재로 요리하는 일본어의 조어적 유연성과 창의성도 확인할 수 있었다.

　이러한 외래어 기반의 신어들은 심리적 완충재, 디자인 요소, 그리고 집단 정체성의 표지로서 기능하며 일본어의 표현력을 확장하고 있다. 비록 일부의 비판적인 시선이 존재하지만, 세계화와 디지털 연결성이 강화될수록 언어의 상호 침투와 융합은 더욱 활발해질 것이다. 언어는 국경을 넘나들며 사람과 사람을 잇는 가장 강력한 다리이기 때문이다.

　다음 제12장 오타쿠와 후조시의 신조어·유행어에서는 이러한 언어적 현상이 특정 매니아 집단, 즉 '오타쿠(オタク)'와 '후조시(腐女子)'라는 서브컬처 커뮤니티 내부에서는 어떻게 발현되는지를 탐구할 것이다. '모에(萌え)', '오시(推し, 최애)', '부녀자(腐女子)'와 같은 용어들이 어떻게 그들만의 폐쇄적인 은어에서 벗어나 사회 전반의 유행어로 확산되었는지, 그리고 그 이면에 담긴 욕망과 정체성의 정치는 무엇인지 심층적으로 알아보도록 하자.

제12장

오타쿠와 후조시의 신조어·유행어

서브컬처, 언어의 변방에서 주류로 부상하다

언어의 새로운 생산 기지

지금까지 일본어 신조어와 유행어가 대중매체, 인터넷, 그리고 세대 간의 갈등과 융합 속에서 어떻게 탄생하고 변화하는지 살펴보았다. 이제 제12장에서는 현대 일본 대중문화, 특히 서브컬처(Subculture)의 핵심 동력이라 할 수 있는 '오타쿠(オタク)'와 '후조시(腐女子)'라는 특정 집단이 주도하는 언어 세계를 탐구하고자 한다.

1980년대 초반까지만 해도, 만화나 애니메이션에 깊이 몰입하는 이들은 사회의 주변부에서 소수자로서 존재했다. 그들의 언어는 폐쇄적인 커뮤니티 내부에서만 통용되는 은어에 불과했다. 그러나 1990년대 후반 인터넷의 보급과 2000년대 이후 일본 정부의 '쿨 재팬(Cool Japan)' 전략, 그리고 전 세계적인 일본 콘텐츠의 소비 확산은 이 '주변부의 언어'를 '주류(Mainstream)'로 끌어올리는 기폭제가 되었다. 오늘날 일본의 젊은 세대는 오타쿠가 아니더라도 자연스럽게 '모에(萌え, モエ[moe])'를 이야기하고, 자신의 '오시(推し, オシ[oɕi])'를 응원하며, 부끄러운 과거를 '흑역사(黒歴史, クロレキシ[*kɯrorekiɕi*])'라고 지칭한다.

이 장에서는 오타쿠와 후조시의 정의와 역사적 기원을 추적하고, 이들이 만들어낸 독특한 어휘들이 어떤 사회심리학적 기제와 소비 패턴을 통해 형성되었는지 분석한다. 또한, 이들의 언어가 인터넷 공간을 넘어 일상어로 확장되는 과정과 그 속에 담긴 일본 사회의 변화상을 심층적으로 조명할 것이다. 이는 단순히 유행어를 나열하는 것이 아니라, 현대 일본인의 욕망과 소통 방식의 진화를 이해하는 중요한 열쇠가 될 것이다.

오타쿠(オタク): '당신'에서 '마니아'로, 그리고 '정체성'으로

'오타쿠'라는 단어는 이제 전 세계적으로 통용되는 고유명사가 되었지만, 그 어원과 의미의 변천사는 일본 사회의 대인관계 방식과 미디어의 영향력을 극명하게 보여주는 사례다.

1. 어원적 기원: 거리두기의 미학, 2인칭 대명사 '오타쿠'

본래 일본어에서 お宅(오타쿠, オタク[*otaku*])는 상대방의 집이나 가정을 높여 부르거나, 상대방을 정중하게 지칭하는 2인칭 대명사였다. 한국어로 번역하자면 '댁(宅)', '그쪽 분', '귀하' 정도에 해당한다. 예를 들어, "댁은 어디에 사십니까?(お宅はどちらですか)"와 같이, 친밀하지 않은 타인에게 예의를 갖추면서도 심리적 거리를 유지할 때 사용하는 매우 일상적이고 정중한 표현이었다.

그림 대규모 인원이 참가하는 일본의 코믹마켓

그렇다면 왜 열광적인 팬덤 집단이 서로를 '댁(お宅, 오타쿠)'이라고 부르게 되었을까? 1970년대 후반에서 80년대 초반, SF나 애니메이션 동호회, 코믹

마켓(コミックマーケット)과 같은 행사장에 모인 팬들은 공통된 관심사를 공유하고 있었지만, 사적으로는 낯선 타인이었다. 이들은 서로의 이름이나 사회적 신분을 묻기보다는, 작품에 대한 정보와 의견을 교환하는 데 집중했다. 이때 서로를 부르기 위해 선택한 호칭이 바로 '오타쿠'였다.

이는 상대방을 하대하지 않으면서도(존중), 지나치게 친밀해지는 것을 방지하는(거리두기) 일본 특유의 '거리감의 미학'이 반영된 선택이었다. 즉, 초기 오타쿠들은 사회성이 결여되어 이 단어를 쓴 것이 아니라, 취향 공동체 내부에서 서로를 존중하기 위해 이 2인칭 대명사를 차용한 것으로 보는 것이 타당하다.

2. 1983년, 나카모리 아키오와 '오타쿠'의 명명

'오타쿠'가 특정 집단을 가리키는 고유명사로 사회적 시민권을 얻게 된 결정적인 계기는 1983년으로 거슬러 올라간다. 칼럼니스트 나카모리 아키오(中森明夫)는 성인용 만화 잡지 『만화 부릿코(漫画ブリッコ)』 6월호에 기고한 칼럼 「'오타쿠'의 연구(「おたく」の研究)」에서 이들을 공식적으로 '오타쿠'라고 명명했다.

나카모리는 코믹 마켓에 모인 수만 명의 인파를 관찰하며, 이들을 기존의 '마니아(Mania)'나 '팬(Fan)', 혹은 당시 유행어였던 '네쿠라족(根暗族, ネクラゾク[nekurazoku], 성격이 음침한 사람들)'이라는 단어로는 온전히 설명할 수 없다고 느꼈다. 그는 칼럼에서 다음과 같이 선언했다.

"이러저러한 이유로 우리들은 그들을 '오타쿠'라고 명명하고,

이후로도 그렇게 부르기로 한 거야."

나카모리는 당시 행사장 곳곳에서 팬들이 서로를 어색하게 "오타쿠와...(댁은...)"라고 부르던 습관을 포착하여 집단의 이름으로 확정 지었다. 그러나 그의 묘사는 다분히 조소적이었다. 그는 오타쿠들을 "스포츠가 어울리지 않고, 영양실조에 걸린 듯 비쩍 말랐거나 혹은 비만이며, 은테 안경을 쓰고, 유행에 뒤떨어진 옷차림을 한" 음침한 존재로 정의했다. 이로 인해 오타쿠라는 단어는 탄생과 동시에 '사회적 미숙함', '외모적 매력 부족', '음침함'이라는 부정적 낙인을 안게 되었다.

3. 애니메이션 기원설: 『초시공요새 마크로스』와 이치조 히카루

나카모리 아키오의 명명설 외에도, 오타쿠의 기원에 대해서는 또 하나의 강력한 가설이 존재한다. 바로 1982년부터 1983년까지 방영된 인기 TV 애니메이션 『초시공요새 마크로스(超時空要塞マクロス)』(1982)의 영향을 받았다는 설이다.

이 작품의 주인공 이치조 히카루(一条輝)는 극 중 여주인공 린 민메이(リン·ミンメイ)를 부를 때 2인칭 대명사 "오타쿠(お宅)"를 자주 사용했다. 특히 3화에서 히카루가 민메이에게 던진 대사는 팬들 사이에서 전설이 되었다.

"お宅、ヘルメットも真っすぐ被れないの。"

오타쿠, 헤루멧토모 맛스구 카부레나이노

(댁은, 헬멧도 제대로 못 쓰는 거야?)

군인 신분인 히카루가 짝사랑하는 아이돌 민메이에게 다소 딱딱하면서도 거리를 두는 '오타쿠'라는 호칭을 사용한 것은, 당시 사춘기 소년들에게 신선한 충격을 주었다. 팬들은 주인공의 말투를 흉내 내며 서로를 '오타쿠'라고 불렀고, 이것이 자연스럽게 팬덤 내부의 유행어로 굳어졌다는 주장이다. 이 가설은 오타쿠라는 용어가 외부의 비하(나카모리 아키오)가 아니라, 내부의 애정과 모방에서 자생적으로 발생했음을 시사한다.

4. 의미의 추락과 부활: 미야자키 츠토무 사건에서 세계화까지

그 어원이 무엇이든 1980년대 후반까지 서브컬처 내부의 은어로 머물던 '오타쿠'는 1989년, 충격적인 사건을 통해 전 일본 사회에 그 존재를 각인시킨다. 바로 '미야자키 츠토무(宮崎勤) 유아 연쇄 유괴 살인 사건'이다. 범인의 방에서 수천 개의 비디오테이프와 만화책, 동인지가 발견되자, 언론은 그를 '오타쿠족(オタク族)'으로 대서특필했다.

이 사건은 오타쿠에 대한 사회적 인식을 나락으로 떨어뜨렸다. 오타쿠는 단순한 '마니아'를 넘어 '잠재적 성범죄자', '현실과 허구를 구분하지 못하는 위험한 은둔자'라는 꼬리표를 달게 되었다. 1990년대 초반, '오타쿠'라는 말은 방송 금지 용어에 준하는 취급을 받았으며, 많은 팬들은 일반인 코스프레(일코)로 자신의 취미를 숨겨야 했다.

그러나 2000년대 들어 인터넷의 보급과 함께 상황은 반전되었다. 『전차남(電車男)』(2004)과 같은 작품이 히트하며 순수하고 열정적인 오타쿠의 이미지가 재조명되었고, 일본 정부가 애니메이션과 만화를 국가 전략 산업으로 육성하면서 오타쿠 문화는 점차 양지로 나오게 되었다. 이제 오타쿠는 특정 분야에 깊은 전문 지식을 가진 '열정적인 팬'이라는 긍정적인 의미를 획득하며,

한국의 '덕후', 서양의 'Otaku'와 같이 글로벌 문화 코드로 진화했다.

또 다른 세계, 후조시(腐女子)의 등장

오타쿠가 남성 중심의 서브컬처 문화를 대변하는 단어로 출발했다면, 여성 팬덤은 그들만의 독자적인 언어 세계를 구축하며 '후조시'라는 강력한 정체성을 만들어냈다.

1. 후조시(腐女子)란 누구인가: 자조(自嘲)의 언어유희

후조시(腐女子)는 문자 그대로 해석하면 '썩은(腐) 여자(女子)'라는 뜻이다. 다소 충격적인 이 명칭은, 본래 '부녀자(婦女子)'라는 평범한 단어와 일본어 발음이 '후조시(ふじょし)'로 동일하다는 점(동음이의어)을 이용한 언어유희에서 탄생했다.

이 단어는 2000년대 초반, 일본의 인터넷 커뮤니티 '2채널(2ちゃんねる)' 등에서 남성 캐릭터 간의 동성애를 다루는 '보이즈 러브(Boys Love, BL)' 장르를 즐기는 여성들이 스스로를 자조적으로 부르기 시작하면서 정착되었다.

"멀쩡한 남성 캐릭터들을 보며 동성애 망상을 하는 내 머릿속은 썩어버렸다."
"현실의 연애보다 남성 간의 관계에만 몰두하는 나는 구제 불능이다."

이러한 자조적 뉘앙스는 외부의 비난을 선제적으로 차단하는 방어기제이자, 동질감을 확인하는 내부 코드였다. 한국어로는 '부녀자(腐女子)'의 한자음을 그대로 읽거나, 코믹 마켓 등에서 동인지(同人誌)를 향유한다는 의미에서 '동인녀(同人女)'라고 번역되기도 한다.

2. 후조시의 소비 심리: '소유'가 아닌 '관계'의 소비

정신과 의사이자 서브컬처 비평가인 사이토 타마키(斎藤環)는 저서 『전투미소녀의 정신분석(戦闘美少女の精神分析)』(2000) 등을 통해 남성 오타쿠와 여성 오타쿠(후조시)의 소비 방식에 근본적인 차이가 있음을 분석했다.

<남성 오타쿠와 여성 오타쿠, 후조시의 차이 비교 - 사이토 타마키(2000)>

구분	남성 오타쿠	여성 오타쿠(후조시)
핵심 욕망	소유(Ownership)	관계성(Relationship)
소비 방식	캐릭터(미소녀)의 피규어 등을 소유하고 수집함 자신을 주인공에 투영하여 캐릭터와 연애함.	캐릭터 간의 관계를 제3자의 시점에서 관찰함. 자신을 투영하지 않고 '벽'이나 '식물' 이 되길 원함.
지향점	주인공(나를 투영) ↔ 캐릭터 (1:1 관계)	캐릭터 A ↔ 캐릭터 B (자신은 제3의 관찰자 시점)

후조시는 자신이 이야기 속에 개입하여 사랑받는 것을 원치 않는다. 대신 "나는 벽이 되어 두 사람을 지켜보고 싶다"라고 말한다. 그들은 A라는 남성 캐릭터와 B라는 남성 캐릭터가 맺는 갈등, 우정, 그리고 사랑의 역학 관계를 해석하고(망상하고) 재구성하는 과정에서 쾌감을 느낀다. 이는 마치 신이 인간 세상을 내려다보듯 전지적 시점에서 대상을 향유하는 방식이다.

3. 왜 BL을 소비하는가?: '안전한' 해방구

그렇다면 왜 여성들은 이성애가 아닌 남성 간의 사랑인 BL에 열광하는가? 이에 대해 많은 젠더 연구자들은 BL이 현실의 여성들에게 제공하는 '해방구(Sanctuary)'로서의 기능에 주목한다.

가부장적 억압으로부터의 탈피

현실의 이성애 관계, 특히 일본의 보수적인 남녀 관계에서 여성은 종종 수동적인 위치나 성적 대상화(Sexual Objectification)의 위치에 놓이게 된다. 그러나 남성 간의 관계(BL)에는 '여성'이 존재하지 않으므로, 여성 독자는 현실의 성차별적 억압, 임신, 출산 등의 현실적 제약에서 자유롭게 로맨스를 즐길 수 있다.

관계의 실험실

BL 속의 남성들은 사회적 지위나 힘의 차이(공/수, 攻め/受け)를 통해 다양한 권력 관계를 형성한다. 후조시들은 이 가상의 관계를 통해 지배와 피지배, 보호와 의존과 같은 관계의 본질을 안전하게 탐색하고 실험한다.

시점의 전환

여성은 더 이상 '보여지는 대상'이 아니라, 욕망의 주체이자 이야기를 해석하는 '주체적인 관찰자'로서 권력을 행사한다. 이는 통제된 사회 속에서 억눌린 여성의 욕망을 분출하고 재구성하는 서브컬처의 중요한 기능이다.

오타쿠와 후조시의 신조어 및 유행어 분석

이들 집단은 자신들의 복잡하고 섬세한 감정을 표현하기 위해, 그리고 내부의 결속을 다지기 위해 끊임없이 새로운 언어를 만들어낸다. 이 언어들은 인터넷을 통해 확산되며 일본어의 어휘를 풍부하게 혹은 혼란스럽게 만들고 있다.

1. 2차원(二次元) 관련 용어: 차원을 넘나드는 상상력

오타쿠 문화의 핵심은 현실(3차원)과 허구(2차원)의 경계를 인식하면서도, 그 경계를 넘나드는 상상력에 있다.

- 二次元(니지겐[*nidzigen*])

만화, 애니메이션, 게임 속의 평면적인 세계(2D)를 의미한다. 오타쿠들은 "나는 3차원(현실) 여자에게는 관심 없어, 2차원이 최고야"라는 식으로 현실과의 단절을 선언하거나 자신의 취향을 강조한다.

- 三次元(산지겐[*sandzigen*])

우리가 살아가는 현실 세계, 혹은 실제 사람(아이돌, 배우 등)을 의미한다. 오타쿠들에게 3차원은 종종 '시시한 곳', '뜻대로 되지 않는 곳'으로 묘사되기도 한다.

- 2.5次元(2.5차원, 니텐고지겐[*nitêŋgodzigen*])

최근 폭발적으로 성장한 시장으로, 2차원의 만화나 애니메이션을 원작으로 하여 실제 배우들이 무대 위에서 캐릭터를 연기하는 뮤지컬이나 연극을

말한다. 『테니스의 왕자(テニスの王子様) 뮤지컬』(2003), 『귀멸의 칼날(鬼滅の刃) 뮤지컬』(2020) 등이 대표적이다. 이는 2차원의 캐릭터가 3차원의 육체를 입고 현현한, 그 중간 지점의 매력을 소비하는 것이다.

2. 애니메이션 및 제작 현장 유래 용어

애니메이션 제작 현장의 전문 용어가 팬덤으로 유입되어 일반 명사화된 경우도 많다.

- アフレコ(아후레코[aɸɯɾeko])

'After Recording'의 일본식 줄임말이다. 제작된 영상에 성우가 나중에 목소리를 입히는 작업(후시 녹음)을 뜻한다. 일본 애니메이션 제작의 표준적인 방식이다.

- CV(シーヴィー[ɕiːviː])

'Character Voice'의 약자이다. "CV. 카미야 히로시(神谷浩史)"와 같이 특정 캐릭터의 목소리를 연기한 성우를 표기할 때 쓴다. 영어권의 'Voice Actor'와는 다른, 캐릭터와 성우를 일체화하는 일본 특유의 뉘앙스가 있다.

- Cパート(C파트, 시파토[ɕiːpaːto])

보통 일본 TV 애니메이션에 등장하는데, 엔딩 크레딧이 끝난 후 나오는 짧은 추가 영상이나 예고편을 말한다. 팬들에게는 다음 화에 대한 중요한 단서(떡밥)나 반전이 숨겨져 있는, 놓쳐서는 안 될 구간이다.

3. 후조시 및 인터넷 커뮤니티 발(発) 신조어

인터넷 익명 게시판(2채널 등)과 후조시 커뮤니티는 가장 창의적이고, 때로는 과격한 신조어의 산실이다.

✳

『 メシウマ(메시우마[meɕiɯma]) 』

어원

"타인의 불행으로 오늘도 밥이 맛있다(他人の不幸で今日も飯が美味い, 타닌노 후코데 쿄모 메시가 우마이)"를 4음절로 줄인 말이다.

의미

독일어의 '샤덴프로이데(Schadenfreude)'와 정확히 일치하는 개념으로, 남의 불행이나 실패를 보며 느끼는 고소함이나 쾌감을 뜻한다.

유래

2채널의 야구 관련 게시판에서 안티 팬들이 특정 팀이 지거나 라이벌이 몰락했을 때 사용하기 시작했다.

용례

"推しが炎上して、アンチはメシウマ状態だ。"(오시가 엔조시테, 안치와 메시우마 조타이다) "최애가 구설수에 올라서, 안티들은 지금 완전 고소해 죽는 상태야."

『メンブレ(멘부레[*membuure*])』

어원

영어 'Mental Break(down)'의 일본식 줄임말이다.

의미

정신적으로 큰 충격을 받아 멘탈이 붕괴된 상태를 뜻한다. 한국어의 신조어 '멘붕(멘탈 붕괴)'과 형태와 의미가 놀라울 정도로 일치한다.

용례

"チケット抽選に全部外れた…メンブレ…"

치켓토 츄센니 젠부 하즈레타... 멘브레...

(티켓 추첨에 전부 떨어졌어... 멘붕이야...)

✳

『逆コナン(갸쿠 코난[*giakuukonaн*])』

어원

인기 만화 『명탐정 코난(名探偵コナン)』의 유명한 캐치프레이즈 "몸은 작아졌어도 두뇌는 그대로(見た目は子供、頭脳は大人/겉모습은 어린이, 두뇌는 어른)"를 거꾸로(逆, 갸쿠) 뒤집은 말이다.

의미

"겉모습은 어른이지만, 두뇌(정신연령)는 어린이"인 철없는 사람, 혹은 몸만 큰 유치한 사람을 비꼬는 말이다. 헐리우드 영화 『샤잠!』(2019)이나 『빅

(Big)』(1989)의 주인공 같은 상태를 의미하기도 한다.

용례

"あの先輩、逆コナンだから話が通じない。"
아노 센빠이, 갸쿠 코난다카라 하나시가 츠지나이
(저 선배는 완전 '갸쿠 코난'이라서 대화가 안 통한다니까.)

✳

『 黒歴史(흑역사, 쿠로 레키시[kurorekisi]) 』

어원

1999년 방영된 애니메이션 『턴에이 건담(∀ガンダム)』(1999)에서 유래했다. 작중에서 '봉인된 과거의 끔찍한 우주 전쟁의 역사'를 지칭하는 고유명사였다.

의미의 확장

애니메이션 방영 후 인터넷상에서 의미가 일반화되어, "남에게 알리고 싶지 않은 부끄러운 과거"나 "없었던 일로 하고 싶은 기억"을 뜻하는 은어로 정착했다.

한국어로의 전파

이 단어는 한국의 서브컬처 팬덤을 통해 수입되어 '흑역사'라는 한국어 신조어로 완벽하게 정착했다. 이제는 한국의 언론이나 일상 대화에서도 쓰일 만큼 대중화되었는데, 이는 서브컬처 언어가 국경을 넘어 타국의 언어생활에까지 깊숙이 침투한 대표적인 사례다.

2024~2025년 최신 오타쿠 유행어 트렌드: '오시카츠'의 시대

2020년대 들어 오타쿠 용어는 더 이상 서브컬처에만 머물지 않고, 일본 사회 전반의 소비 트렌드와 언어생활을 주도하고 있다. 특히 팬데믹 이후 '오시카츠(推し活)' 열풍은 이러한 현상의 정점에 있다.

1. 오시카츠(推し活): 사랑이 경제를 움직이다

오시(推し, オシ[oɕi])는 본래 '밀다, 추천하다(推す, 오스)'라는 동사의 명사형으로, 아이돌 그룹 내에서 자신이 가장 지지하고 응원하는 혹은 밀어주는 멤버를 뜻했다. 이것이 확장되어 지금은 최애 캐릭터, 배우, 성우, 심지어는 음식이나 철도, 역사적 위인 등 자신이 열정적으로 좋아하는 모든 대상을 지칭하는 일반 명사가 되었다.

오시카츠(推し活, オシカツ[oɕikatsɯ])는 이 '오시'를 응원하고 즐기는 모든 활동을 의미한다. 굿즈 구매, 라이브 콘서트 참여, 성지 순례, SNS 홍보, 생일 카페 주최 등이 모두 포함된다. 야노경제연구소 등의 조사에 따르면, 2024년 일본의 오시카츠 시장은 수조 엔 규모에 달하며, 특히 20~30대 여성의 과반수가 오시카츠에 참여하고 있을 정도로 거대한 사회 현상이 되었다.

오시카츠의 유행은 기존의 '모에(萌え)'라는 단어를 밀어내고 있다. '모에'가 대상을 보며 느끼는 수동적인 감정의 불타오름에 초점을 맞췄다면, '오시'는 대상을 위해 시간과 돈을 쓰고 응원하는 능동적인 행동인 지원에 초점을 맞춘다. 이는 팬덤 문화가 '소비'에서 '참여'와 '기여'로 진화했음을 보여준다.

2. 팬덤별 '최애' 호칭의 분화

오시카츠의 대상이 다양해짐에 따라, '최애'를 부르는 호칭도 팬덤의 성격에 따라 세분화되었다.

<팬덤의 장르에 따른 '최애' 명칭 비교>

팬덤 장르	호칭 (일본어/발음)	특징 및 의미
일반 아이돌, 애니메이션	오시(推し)	가장 보편적인 용어. '최애'.
구(旧) 쟈니즈 (SMILE-UP.)	탄토 (担当, 담당)	"나는 OOO 담당이야"라고 하여, 해당 멤버를 책임지고 응원한다는 의무감과 소속감을 강조.
비주얼계 밴드	갸(ギャ)	'밴드걸(Band Gal, バンギャル)'의 약어. 밴드명 뒤에 붙여 사용하여 해당 밴드의 팬을 의미.
K-POP	펜(ペン)	영어 'Fan'의 한국식 발음 '팬'의 가타카나 표기
2.5차원 뮤지컬	오시(推し)	배우 자체를 응원하거나, 그가 연기하는 캐릭터를 응원함.

3. 겐카이 오타쿠(限界オタク): 감정의 한계를 넘다

겐카이 오타쿠(限界オタク[genkai otaku])는 '한계(限界)'와 '오타쿠'의 합성어다. 자신이 좋아하는 대상(오시)이 너무 좋아서 언어 능력을 상실하거나, 기이한 행동을 하거나, 감정이 벅차올라 죽을 것 같은 상태에 이른 오타쿠를 뜻한다.

초기에는 사회적응의 한계에 다다를 정도로 심각한 오타쿠를 비하하는 부정적인 뉘앙스로 쓰였으나, 현재는 자신의 벅찬 사랑을 과장되고 유머러스하

게 표현하는 긍정적인(혹은 자조적인) 밈(Meme)으로 정착했다. "존귀(尊い, 토토이 - 존귀하다/너무 좋다)"라는 말 한마디밖에 못 할 정도로 지능이 저하된 상태를 즐기는 문화다.

"이번 신곡 뮤직비디오 보고 완전「겐카이 오타쿠」됨. 말이 안 나옴.
「토토이(尊い/너무 좋아)」.."

4. ~시카 카탄(~しか勝たん): 절대적 긍정의 문법

"~시카 카탄(~しか勝たん, ~シカカタン[ɕika katan])"은 "~밖에 이길 수 없다", 의역하면 "~가 최고다", "~가 짱이다", "~만이 정답이다"라는 뜻의 최상급 강조 표현이다.

본래 아이돌 팬덤에서 "내 오시가 최고야(推ししか勝たん)"라고 쓰던 것이 10대 여고생(JK) 유행어로 확산되었다. 이는 경쟁 사회 속에서 내가 좋아하는 대상만큼은 절대적인 승리자임을 선언하는, Z세대의 맹목적이고 열정적인 애정 표현 방식이다. 문법적으로는 다소 어색한 표현(부정어와 호응해야 할 '밖에(~しか)' 뒤에 긍정의 동사 '이기다(勝つ)'가 옴)이지만, 그 파격이 오히려 강렬한 인상을 준다.

"역시 야식은 라면「시카 카탄」(역시 야식은 라면이 최고야)."

오타쿠 언어, 시대의 거울이 되다

지금까지 살펴본 바와 같이, 오타쿠와 후조시의 언어는 단순한 '은어'의 집합이 아니다. 그것은 일본 사회의 집단주의적 압박 속에서 개인의 취향과 정체성을 지키기 위해 쌓아 올린 언어적 성벽이자, 디지털 미디어 환경에 적응하며 진화한 새로운 소통의 도구이다.

1980년대의 '오타쿠'라는 호칭이 타인과의 거리를 두기 위한 예의 바른 방어기제였다면, 2020년대의 '오시카츠'와 '겐카이 오타쿠'는 자신의 애정을 세상에 소리 높여 외치는 마이크와 같다. '후조시'라는 자조적인 명칭은 역설적으로 그들이 구축한 견고한 연대와 해방의 공간을 증명한다. 또한 '흑역사'나 '츤데레', '멘브레'와 같은 단어들이 일반 대중에게까지 쓰이게 된 것은, 서브컬처가 포착해 낸 인간의 복잡한 심리가 보편적인 공감대를 형성했기 때문이라고 할 수 있다.

오타쿠와 후조시는 이제 일본어의 최전선에서 언어의 변화를 주도하는 핵심적인 에이전트(Agent)다. 이들의 언어를 이해하는 것은 곧 현대 일본 사회의 욕망과 결핍, 그리고 변화의 방향성을 읽어내는 것과 같다.

이어지는 제11장 사전과 일본의 신조어 및 유행어에서는 이러한 신조어와 유행어들이 어떻게 제도권의 언어 권력인 '사전(辭書)'에 등재되고, 기록으로서의 역사를 갖게 되는지, 그리고 디지털 시대에 사전의 역할은 어떻게 변화하고 있는지에 대해 다룰 것이다. 언어는 살아 움직이며, 사전은 그 움직임을 포착하려는 영원한 추격자이기 때문이다.

제13장

일본의 사전과 신조어·유행어

언어의 바다를 항해하는 나침반, 사전

우리는 지난 긴 여정을 통해 일본어와 한국어라는 거대한 바다에서 일어나는 역동적인 변화들을 목격해 왔다. '와카모노코토바(若者言葉, 젊은 세대 언어)'라는 이름으로 명명된 젊은 층의 은어, 디지털 네이티브가 키보드 위에서 창조해 낸 '입력어(打ち言葉, 우치코토바[*utaikotoba*])', 오타쿠와 후조시가 구축한 견고한 서브컬처의 성벽, 그리고 한류라는 문화적 파도를 타고 넘어온 외래어에 이르기까지, 언어는 그야말로 생성과 소멸이 반복되는 격전지다. 언어는 정지해 있는 화석이 아니라, 그 시대를 살아가는 사람들의 욕망과 사회적 관계, 기술적 진보를 투영하며 끊임없이 꿈틀대는 유기체이기 때문이다.

이러한 변화의 속도가 가속화될수록, 우리는 역설적으로 '기준'에 대한 갈증을 느끼게 된다. 넘쳐나는 신조어와 유행어 속에서 무엇이 일시적인 거품이고 무엇이 정착할 언어인지, 타인과의 소통에서 오해를 빚지 않으려면 어떤 말을 선택해야 하는지 판별해 줄 나침반이 필요해지는 것이다. 그 역할을 수행하는 것이 바로 '사전(辭書)'이다. 사전은 언어의 무질서에 질서를 부여하고, 사회적 합의를 기록으로 남기는 최후의 보루이자 언어 공동체의 규범을 담는 그릇이다. 또한 사전은 단순히 모르는 단어의 뜻을 찾는 도구를 넘어, 그 자체로 하나의 문화적 텍스트이자 시대를 읽는 안경이다.

이에 본서의 대단원인 제13장에서는 이 '사전'이라는 프리즘을 통해 일본의 신조어와 유행어를 다시 한 번 조망하고자 한다. 일본의 사전 편찬자들은 어떤 철학을 가지고 신조어를 대하는가? '좋은 사전'이란 무엇이며, 디지털 시대에 사전의 형태는 어떻게 진화하고 있는가? 그리고 인터넷이라는 정보의 바다에서 사전이 갖는 권위는 어떻게 도전받고 있는가? 본 장에서는 이러한 질문들에 대한 답을 찾아가며, 변화하는 언어 환경 속에서 우리가 가져야 할 태도와 사전의 미래에 대해 심도 있게 알아볼 것이다.

사전(辞書)이란 무엇인가?

---

1. 인용(引用)의 역사와 '辞書を引く(지쇼오 히쿠)'

우리는 흔히 모르는 단어가 나오면 "사전을 찾는다"고 표현한다. 한국어에서 '찾다'는 '탐색(Search)'의 의미가 강하다. 그러나 일본어에서는 관용적으로 辞書を引く(지쇼오 히쿠[dʑiɕo o çikɯ])라고 표현한다. 여기서 引く(히쿠[çikɯ])는 '당기다', '끌어오다', '인용하다'라는 의미를 갖는다. 이는 근대적인 의미의 사전이 정립되기 이전, 특정 단어의 의미와 용법을 파악하기 위해 고전(古典) 문헌이나 경전에서 해당 단어가 쓰인 용례를 '끌어와서(引用, 인용)' 참조했던 전통적인 학습 방식에서 유래한 것이다.

일본어에서 사전을 뜻하는 또 다른 단어인 지비기(字引, 지비키[dʑibiki]) 역시 '글자(字)를 끌어오다(引)'라는 구성을 취하고 있어 이러한 역사적 배경을 뒷받침한다. 즉, 사전은 단순한 단어의 나열이 아니라, 언어 공동체가 오랫동안 축적해 온 용례의 데이터베이스에서 현재 필요한 의미를 소환하는 행위를 내포하고 있다. 이는 사전이 하늘에서 뚝 떨어진 절대적인 진리의 서(書)가 아니라, 수많은 텍스트와 용례를 수집하고 분류한 '편집의 산물'임을 시사한다.

에도 시대(江戸時代) 말기, 서양 문물과 함께 유입된 근대적 사전 편찬 방식은 일본어 어휘 체계를 체계적으로 정리하는 계기가 되었다. 그러나 초기

사전들이 권위 있는 고전의 용례를 중시했던 것과 달리, 현대의 사전은 살아 있는 언어를 포착해야 하는 과제를 안고 있다. '찾다'와 '당기다' 사이의 간극에서 현대 사전의 딜레마가 시작된다.

2. 객관성의 신화와 편찬자의 주관

대중은 흔히 사전이 객관적이고 중립적이며, 절대적인 정의를 담고 있다고 믿는다. 그래서 사전적 정의는 논쟁을 종결짓는 권위로 작용한다. 그러나 어디까지나 모든 사전은 특정한 의도를 가진 편찬자와 출판사의 기획 아래 만들어진 '저작물'이다. 따라서 모든 사전에는 편찬자의 언어관, 철학, 그리고 때로는 지극히 개인적인 취향과 주관이 개입될 수밖에 없다.

일본의 국어사전 시장은 한국과 달리 다수의 출판사가 경쟁하며 각기 다른 개성을 뽐내는 춘추전국시대를 방불케 한다. 이와나미 서점(岩波書店), 산세이도(三省堂), 쇼가쿠칸(小学館), 다이슈칸(大修館) 등 유수의 출판사들이 내놓는 사전들은 같은 표제어에 대해서도 서로 다른 해석과 용례를 제시한다. 이는 사전이 고정된 정답지가 아니라, 언어를 바라보는 다양한 관점을 제시하는 해석의 틀임을 의미한다.

'좋은 사전'의 조건과 일본어 사전의 개성

언어 학습자, 특히 일본어 학습자에게 '좋은 사전'이란 무엇일까? 단순히 수록 어휘 수가 많은 사전이 좋은 사전일까? 우선 저자는 좋은 사전이 갖추어야 할 세 가지 핵심 조건으로 세 가지, ① '개성'과 '명쾌함', ② '시대와 뉘앙스의 반영', ③ '언어적 특성(악센트 등)의 고려'를 제시하고 싶다.

1. 개성과 명쾌함: 『신메이카이 국어사전』의 파격

사전이 기계적이고 무미건조한 정의만을 나열한다면, 독자는 단어의 생생한 질감을 느끼기 어렵다. 일본에서 '가장 많이 팔리는 국어사전'이자 독특한 어휘 풀이로 팬덤까지 형성한 『신메이카이 국어사전(新明解国語辞典)』(초판 1972)은 사전의 개성이 무엇인지 또렷이 보여준다.

이 사전은 편찬자 야마다 타다오(山田忠雄)의 주도 하에, 기존 사전들의 타성적인 정의를 거부하고 인간의 심리와 행동의 본질을 파고드는 파격적인 해석을 시도했다.

- **あわび**(아와비[*awabi*], 전복)
"...패각은 귀 모양이고 이매패의 한쪽처럼 보인다. 맛있다(美味)."
일반적인 사전이 생물학적 분류에 치중하는 반면, 『신메이카이』는 식재료로서의 가치인 '맛있다'는 주관적 평가를 과감하게 해설에 포함시켰다. 이는 "사전이 맛을 평가해도 되는가?"라는 논쟁을 불러일으켰으나, 사용자의 실질적인 감각에 호소하는 서술로 높게 평가받는다.

- ばか貝(바카가이[*bakagai*], 개량조개/명주조개)

"...깐 조개를 '아오야기'라 하며, 관자가 맛있다(貝柱がおいしい)."

역시 '맛있다'는 서술이 등장한다. 이는 편찬자가 생선을 좋아했기 때문이라는 분석도 있다.

- 号泣(고큐[*go:kiu:*], 호곡/통곡)

"(평소에는 울지 않는 다 큰 남자가) 하늘에 닿을 듯이 슬피 우는 것."

단순히 '큰 소리로 운다'는 행위 묘사를 넘어, '평소엔 울지 않는 성인 남성'이라는 구체적인 상황 설정을 통해 단어의 비장미와 드라마틱한 뉘앙스를 극대화했다. 이는 문학적 감수성이 풍부한 정의로 꼽힌다.

- 恋愛(렌아이[*renai*], 연애)

"특정한 이성에게 특별한 애정을 품고, 둘만이 함께 있고 싶어 하며, 가능하다면 합체(合体)하고 싶다는 생각을 갖지만, 평소에는 그것이 이루어지지 않아 몹시 마음 아파하는(悶々とする) 상태."

성적인 욕망(합체)과 심리적 갈등(번민)을 적나라하게 묘사하여, '연애'라는 추상적인 개념을 인간의 본능적 욕망 차원에서 정의했다. 이는 제8판 개정 시 성 중립적인 표현으로 일부 수정되었으나, 『신메이카이』 특유의 인간 냄새나는 해석의 정수로 회자된다.

이처럼 편찬자의 주관과 철학이 깊게 배어 있는 사전은 독자에게 단어의 사전적 의미뿐만 아니라 그 단어가 환기하는 정서적 이미지까지 전달한다. 이는 언어를 '지식'이 아닌 '체험'으로 받아들이게 돕는다.

2. 구체적 비유와 몽타주 기법: 해당화(花海棠)

추상적인 학술 용어보다는 구체적인 비유를 통해 대상을 눈앞에 그리듯 설명하는 '몽타주(Montage)' 기법 또한 좋은 사전의 미덕이다. 예를 들어 '해당화(花海棠, 하나카이도[*hanakaido*])'에 대한 설명을 비교해 보자.

- 위키피디아(Wikipedia): "장미과 사과속의 내한성 낙엽 교목…" (분류학적 정의)
- 『산세이도 국어사전(三省堂国語辞典)』(초판 1960): "정원수의 한 종류. 봄, 벚꽃과 닮은 붉고 선명한 꽃을 아래로 향해 피운다." (직관적 비유)

식물학자가 아닌 일반인에게는 "벚꽃과 닮았지만 붉고 아래를 향한다"는 『산세이도』의 설명이 훨씬 더 명쾌하게 다가온다. 이는 사전이 사용자의 눈높이에 맞춰 정보를 가공하고 전달해야 함을 시사한다.

3. 시대와 뉘앙스의 반영: 짓카(実家)의 재정의

단어는 시대에 따라 그 의미와 용법이 변화한다. 좋은 사전은 이러한 변화의 흐름을 포착하여 기록해야 한다. '実家(짓카[*dzikka*])'라는 단어의 변천사는 일본 가족 제도의 변화를 투영한다.

- 기본적 의미: 자신이 태어난 집, 생가(生家).
- 『이와나미 국어사전(岩波国語辞典)』(초판 1963)의 주석: "성인 자녀와 부모의 별거가 일반화된 1970년대경부터, 생가, 부모의 집이라는 의미로도 사용됨."

과거 대가족 제도 하에서는 결혼 후에도 부모와 함께 사는 것이 일반적이었으므로, 굳이 자신의 집과 '본가(実家)'를 구분해 부를 필요가 없었다. 그러나 1970년대 이후 핵가족화가 진행되고 자녀가 독립하여 따로 사는 거주 형태가 보편화되면서, '지금 내가 사는 집(自宅)'과 구별되는 '부모님이 계신 집'을 지칭하기 위해 '짓카(実家)'라는 단어의 쓰임새가 확장되었다. 『이와나미 국어사전』은 이러한 사회 구조적 변화 시점까지 명기함으로써 단어의 역사성을 확보했다.

4. 언어적 특성의 고려: 악센트(Accent)와 동음이의어

일본어 학습에 있어 사전이 제공해야 할 가장 중요한 정보 중 하나는 바로 '악센트(Accent)'이다. 일본어는 동음이의어가 매우 많은 언어이며, 동일한 발음이라도 악센트의 핵이 어디에 오느냐에 따라 의미가 완전히 달라진다.

はし(하시)

- 箸(하시[ha↓ɕi], 젓가락): 첫음절이 높고 뒤가 낮아짐 (頭高型, 아타마다카, 두고형).
- 橋(하시[haɕi↓], 다리): 첫음절이 낮고 뒤가 높아지며, 뒤에 조사가 오면 조사가 낮아짐 (尾高型, 오다카, 미고형).
- 端(하시[haɕi], 끝/가장자리): 첫음절이 낮고 뒤가 높아지며, 뒤에 조사가 와도 높게 유지됨 (平板型, 헤이반, 평판형).

かみ(카미)

- 神(카미[ka↓mi], 신): 첫음절이 높음.
- 紙(카미[kami], 종이) / 髪(카미[kami], 머리카락): 평판형(平板型)으로 뒤가 높음.

서울말과 같은 무악센트 언어권 화자들은 이러한 높낮이의 차이를 인지하거나 구사하기 어렵다. 따라서 좋은 사전은 단어의 의미뿐만 아니라 이러한 악센트 정보를 시각적으로 명확히 표기(숫자나 기호 등)해 주어야 한다. 『신메이카이 국어사전(新明解国語辞典)』(초판 1943)나 『NHK 일본어 발음 악센트 신사전(NHK日本語発音アクセント新辞典)』(2016) 등은 이러한 음성 정보를 충실히 제공하여 학습자의 유창성을 돕는다.

신조어와 유행어, 사전의 문을 두드리다

신조어와 유행어는 사전 편찬자들에게 끊임없는 고민의 대상이다. "이 단어를 사전에 실을 것인가, 말 것인가?"라는 질문은 사전이 지향하는 철학적 태도와 직결된다.

1. 편찬의 두 가지 시선:
역사주의 vs. 현대주의, 규범주의 vs. 기술주의

사전 편찬의 방향성은 크게 두 가지 축으로 나뉜다.

역사주의(Historicism) vs. 현대주의(Modernism)
- 역사주의는 고어(古語)부터 현대어까지 언어의 통시적 변천을 기록하는 것을 중시한다. 『이와나미 국어사전(岩波国語辞典)』(초판 1963)이나 『코지엔(広辞苑)』(초판 1955)이 이에 가깝다.
- 현대주의는 현재 사용되는 살아있는 언어의 기술을 최우선으로 한다. 신어 채록에 적극적이다. 『산세이도 국어사전(三省堂国語辞典)』(1960)이 대

표적이다.

규범주의(Prescriptivism) vs. **기술주의**(Descriptivism)
- 규범주의는 '올바른 말'을 제시하고 비표준어나 속어를 배제하려 한다.
  일종의 '언어 경찰' 역할을 자임한다.
- 기술주의(현실주의)는 옳고 그름을 판단하기보다, 대중이 실제로 사용하
  는 언어 현실을 있는 그대로 기록하려 한다.

츤데레(ツンデレ), 에모이(エモい), 타피루(タピる) 등, 지금까지 이 책에서 다룬 수많은 신조어는 기술주의와 현대주의를 표방하는 사전들에 의해 빠르게 흡수되고 있다.

2. 겐보 히데토시와 야마다 타다오: 일본 사전의 두 거목

일본 사전의 역사에서 겐보 히데토시(見坊豪紀)와 야마다 타다오(山田忠雄)는 떼려야 뗄 수 없는 라이벌이자 동반자 관계다. 두 사람은 1943년 『메이카이 국어사전(明解国語辞典)』을 함께 만들었으나, 이후 결별하여 각기 다른 철학을 가진 사전을 탄생시켰다.

- 겐보 히데토시 (『산세이도 국어사전(三省堂国語辞典)』)
철저한 용례 수집광으로, 신문, 잡지, 거리의 간판 등에서 실제 사용되는 현대어를 145만 장 이상의 카드로 수집했다. 그는 "사전은 언어의 거울"이라는 신념 하에 신조어와 유행어를 적극적으로 등재했다.

- 야마다 타다오 (『신메이카이 국어사전(新明解国語辞典)』)
독창적이고 깊이 있는 어석(語釈, 단어 풀이)에 천착했다. 그는 "사전은 문명

비평"이어야 한다고 믿었으며, 단어 속에 숨겨진 인간의 본성과 사회적 의미를 파헤쳤다.

이 두 거목의 경쟁은 일본 국어사전의 질적 향상과 다양성 확보에 결정적인 기여를 했으며, 신조어를 바라보는 균형 잡힌 시각을 제공했다.

디지털 시대, 사전의 위기와 변신

1. 종이 사전의 황혼과 디지털의 부상

1980년대 후반 전자사전의 등장과 2000년대 인터넷의 보급은 '종이 사전의 위기'를 불러왔다. 무겁고 검색이 불편한 종이 사전 대신, 언제 어디서나 접속 가능한 웹 사전(네이버 사전, goo, weblio, kotobank 등)과 스마트폰 앱 사전이 그 자리를 대체했다. 특히 무료로 제공되는 웹 사전은 압도적인 접근성으로 언어 정보의 유통 방식을 혁명적으로 바꾸어 놓았다.

그러나 이것이 '사전의 죽음'을 의미하는 것은 아니다. 오히려 사전 콘텐츠는 디지털이라는 새로운 그릇(Platform)에 담겨 더욱 널리 확산되고 있다. '모노카키도(物書堂)'와 같은 사전 전문 앱 개발사는 『다이지린(大辞林)』(1988), 『신메이카이(新明解)』, 『NHK 발음 악센트 신사전(NHK日本語発音アクセント新辞典)』 등 유료 종이 사전의 콘텐츠를 고품질의 앱으로 이식하여, 종이 사전의 신뢰성과 디지털의 편의성을 결합한 새로운 모델을 제시하고 있다. 통합 앱 하나에서 여러 사전을 동시에 검색하는 기능(串刺し検索)'은 개별 사전의 장단점을 상호 보완하는 강력한 학습 도구가 되었다.

2. 인터넷 사전의 함정: 집단지성의 명암

인터넷 사전, 특히 위키피디아(Wikipedia)나 픽시브 백과사전(ニコニコ大百科) 등은 사용자가 직접 참여하여 정보를 갱신하는 집단지성의 산물이다. 이는 하루가 멀다 하고 쏟아지는 신조어와 서브컬처 용어(제12장의 오타쿠 용어 등)를 실시간으로 포착하여 기록한다는 점에서 기성 사전이 따라올 수 없는 속보성을 자랑한다.

그러나 여기에는 치명적인 함정이 도사리고 있다. 검증되지 않은 정보, 출처가 불분명한 낭설, 특정 집단의 편향된 시각이 여과 없이 사실처럼 기록될 위험성이다.

긴브라(銀ブラ)의 진실: 산책인가, 커피인가?

인터넷상에서 널리 퍼진 잘못된 어원설의 대표적인 예가 '긴브라(銀ブラ)'다. 전통적으로 이 단어는 "긴자(銀座) 거리를 어슬렁어슬렁(ぶらぶら) 산책하다"라는 뜻으로 알려져 있다. 그러나 2018년경부터 인터넷과 방송을 통해 "사실은 '긴자에서 브라질 커피(Brazil Coffee)를 마시다'의 줄임말이다"라는 그럴듯한 설이 급속도로 확산되었다.

이 설은 긴자의 유명 카페 '카페 파울리스타(カフェーパウリスタ)'가 마케팅 차원에서 홍보한 내용이 팩트 체크 없이 미디어를 통해 증폭된 것이다. 『산세이도 국어사전(三省堂国語辞典)』의 편찬위원 이이마 히로아키(飯間浩明) 등 전문가들은 이를 두고 문헌적 근거가 없는 '가짜 어원'이라고 강하게 비판했다. '브라(ブラ)'가 '브라질'의 약자라는 주장은 언어학적으로나 역사적으로 근거가 빈약함에도 불구하고, "의외의 사실"을 좋아하는 인터넷 문화의 속성을 타고 정설처럼 굳어질 뻔했다. 이는 권위 있는 사전의 교차 검증 기능이 왜 필요한지를 역설적으로 보여준다.

료카이(了解)의 비극: 만들어진 매너

또 다른 사례는 비즈니스 매너와 관련된 '료카이(了解, 이해함)' 논쟁이다. 인터넷을 중심으로 "상사에게 '료카이 시마시타(了解しました)'라고 답하는 것은 실례이다. '쇼치 시마시타(承知しました)'나 '카시코마리마시타(かしこまりました)'를 써야 한다"는 주장이 '매너의 상식'처럼 퍼졌다.

그러나 국어학적 관점에서 '료카이(了解)' 자체에는 상대를 낮추는 의미가 없으며, 군대나 무선 통신 등에서 '알겠다'는 신호로 쓰이던 중립적인 단어였다. 2000년대 중반 이후 일부 매너 강사나 매뉴얼 서적이 자의적으로 만든 '정체불명의 룰(謎ルール, 나조 루루)'이 인터넷을 통해 확산되면서, 멀쩡한 단어가 졸지에 '비매너 언어'로 낙인찍히게 된 것이다. 이는 인터넷 정보가 언어의 자연스러운 쓰임새를 왜곡하고, 불필요한 사회적 비용을 유발할 수 있음을 보여준다.

사전, 변화의 파도 속 등대

---

1. 사전을 대하는 우리의 자세

지금까지의 긴 여정을 마무리하며, 우리는 사전이 단순한 단어 검색 도구가 아님을 확인했다. 사전은 언어라는 거대한 바다의 지도를 그리는 작업이자, 그 시대 사람들의 생각과 문화를 기록하는 타임캡슐이다. 인터넷 검색 엔진이 주는 단편적인 정답에 만족하지 않고, 종이 사전(혹은 그 콘텐츠를 담은 앱)이 제공하는 풍부한 예문, 정확한 악센트, 그리고 단어의 역사적 맥락을 살피는 것은 일본어 학습의 깊이를 더하는 지름길이다. 특히 신조어와 유행어

의 홍수 속에서, '긴브라(銀ブラ)'나 '료카이(了解)'와 같은 정보의 함정에 빠지
지 않기 위해서는 여러 사전을 비교 대조하며 비판적으로 읽는 '미디어 리터
러시(Media Literacy)'가 필수적이다.

2. 사전과 건너는 언어의 바다

우리는 지금까지 사전을 단순한 '단어 저장소'가 아닌, 시대를 비추는 거
울이자 편찬자들의 치열한 고민이 담긴 결정체로서 살펴보았다. 종이 사전
의 묵직한 두께 속에는, 그리고 스마트폰 앱의 매끄러운 검색창 뒤편에는, 흩
어지는 언어를 포착하여 질서를 부여하려는 인간의 지적인 욕망이 숨 쉬고
있다.

'긴브라(銀ブラ)'의 어원 논쟁이나 '료카이(了解)'를 둘러싼 매너 소동에서
보았듯, 정보가 범람하는 디지털 시대일수록 검증된 지식의 가치는 더욱 빛
을 발한다. 인터넷상의 집단지성은 빠르고 방대하지만, 때로는 확인되지 않은
낭설을 확대 재생산하기도 한다. 이때 흔들리지 않는 기준을 잡아주는 것이
바로 권위 있는 사전들의 역할이다.

물론 사전이 언어의 모든 것을 담을 수는 없다. 언어는 지금 이 순간에도
끊임없이 생성되고 소멸하며, 사전의 정의를 비웃듯 새로운 의미로 탈바꿈하
기 때문이다. '와카모노코토바(若者言葉)'가 기성세대의 문법을 파괴하며 새
로운 표현을 만들어내듯, 언어의 생명력은 규범의 울타리를 넘어서는 곳에서
역동한다.

따라서 일본어 학습자이자 일본 문화를 탐구하는 우리에게 필요한 태도는
'사전을 신뢰하되, 맹신하지 않는 유연함'이다. 사전을 통해 단어의 뿌리와 기
본을 단단히 다지되, 그 위에 쌓이는 시대의 뉘앙스와 사람들의 감정을 예민
하게 포착해야 한다. 야마다 타다오(山田忠雄)가 『신메이카이 국어사전(新明
解国語辞典)』에 인간의 욕망을 투영하고, 겐보 히데토시(見坊豪紀)가 거리의

간판에서 살아있는 용례를 수집했듯, 우리 역시 텍스트 너머에 존재하는 '사람'을 읽어내야 하는 것이다.

　언어의 바다에는 완벽한 지도가 존재하지 않는다. 하지만 우리는 '사전'이라는 나침반과 '비판적 사고'라는 키를 쥐고 있다. 이 책을 통해 일본의 신조어와 유행어, 그리고 그 속에 담긴 사회적 맥락을 이해한 독자라면, 앞으로 마주할 낯선 일본어의 파도 앞에서도 당황하지 않고 그 흐름을 즐길 수 있을 것이다. 단어 하나하나에 깃든 일본의 '지금'을 발견하는 즐거움, 그 끝없는 항해를 계속해 나가길 바라며, 사전은 그 여정의 끝이 아니라, 새로운 항해를 위한 믿음직한 동반자가 되어줄 것이다.

사전에 없는 일본
신어와 유행어로 해부하는 일본의 마음

초판 1쇄 발행   2026년 3월 2일

지은이   김유영
펴낸이   Sakule, Senge (千家 咲久怜)
펴낸곳   브라운출판사
출판사등록   2017년 10월 30일(제2019-000043호)
주소   서울특별시 동대문구 회기로 195, 6층 601호-A251
홈페이지   www.brownpress.co.kr
팩스   050-8950-4808
이메일   support@brownpress.co.kr

편집·디자인   유니꼬디자인앤북스
인쇄   아르텍

ISBN   979-11-962416-1-2(03730)